MAESTRÍA SOBRE INVERSIÓN EN LA BOLSA DE VALORES

LA GUÍA DE PRINCIPIANTES PASO A PASO PARA CONSTRUIR INGRESOS PASIVOS EN MENOS DE 20 HORAS (O MENOS) POR AÑO. DESCUBRE LAS ESTRATEGIAS PROBADAS PARA OPERAR TODO, DESDE ACCIONES PENNY, HASTA ACCIONES DE BLUE CHIP Y FOREX, Y RETÍRESE SIENDO MILLONARIO

SAULO PICADO

ÍNDICE

INTRODUCCIÓN

Mi estimado lector, quiero ante todo darte la bienvenida, este trabajo surge ante la evidente necesidad que muchos tenemos en la vida de iniciar en el mundo del emprendimiento, y es que la verdad de esto es que muchas personas, tanto hombre como mujeres de la actualidad, estamos embargados por el deseo de salir adelante en relación a la vida financiera.

Por ello es que quiero hablarte sobre el negocio de comercio de acciones, basado en la experiencia personal que he obtenido tras ingresar en este mundo, quiero darte a oportunidad de ingresar en uno de los negocios más rentables en el mundo de las finanzas.

Pero cuando se trata de inversión un sentimiento de confusión puede surgir en la vida de muchos ante el hecho puntual de no saber en dónde iniciar una nueva vida financiera, en consecuencia suelen suceder muchas cosas que quiero describir ahora mismo.

Lo primero que puede pasar ante la aparición de este deseo, es que se caiga en el error de poner en peligro todo su capital haciendo inversiones algo desesperadas por el enorme deseo que hay de ingresar en el mundo de los negocios.

Es justo de esta manera que muchas personas han llegado a cometer enormes errores en este sentido, la impaciencia puede ser el peor enemigo de la superación financiera, por esto es que hacer negocios en el momentos difíciles es sumamente peligroso.

No deja de ser cierto que la crisis es uno de los mejores ingredientes para que surjan maneras muy creativas de hacer negocios, pero también es verdad que hacer negocios porque hay presión financiera puede llevar a cometer errores muy dañinos, por ejemplo:

• Falsa perspectiva de la realidad

- Emprender basado más en un estado emocional que en una condición objetiva
- Iniciar un negocio en un área para la que no se cuenta con ningún conocimiento

Y así como esos ejemplos puede que exista una lista muy larga, no obstante, hay otro escenario y este es el mejor: que te encuentres con la oportunidad de inversión que habías estado esperando que cumpla con los propósitos y anhelos personales de tu vida.

El camino del emprendimiento es muy grande, invertir es algo realmente apasionante que cuenta con un numero amplio de oportunidades, pero tal y como mencioné antes, es difícil decidir entre tantas opciones cuál camino tomar a la hora de emprender, en ese sentido es necesario evaluar cuáles serían las características primordiales que necesita tener un mundo de emprendimiento, para sentir la garantía que la dirección de dicho emprendimiento sea la correcta:

- El primer ingrediente que requiere un emprendimiento para que sea atractivo es que te brinde no solo libertad financiera, sino libertad humana
- Debe ser lo suficientemente productivo

como para que se convierta en la única actividad laboral en tu vida, sin que represente un riesgo potencial para la seguridad financiera familiar como personal

- El emprendimiento debe brindarte un nivel muy alto del retorno de tu inversión y ante el peligro que pueda haber (que siempre lo habrá) y a la hora de llevarlo a cabo puedas sentir la seguridad que cuentas con la posibilidad de recuperación de o reembolso de tu capital

Cada una de las características que acabo de mencionar toma un rumbo en una dirección, "el comercio de acciones", justamente hablar de libertad financiera pero a su vez de libertad como humano es algo que se puede llevar a cabo por medio de la inversión en mercado de valores, es este un modelo de negocios que te brinda la posibilidad de hacer negocios de una forma fácil, con la ventaja de obtener un nivel de ingreso que pueda ser suficiente como para ser considerado como un negocio rentable.

Desde luego es fácil que surja la pregunta ¿cómo ingresar en un mundo de negocio tan cerrado?, de eso trata este volumen, de hacerte entender cómo es que el comercio de acciones paso de ser un estructura de negocios que solo podía manejar una elite determinada en el mundo de la inversión en bolsa, y se convirtió en uno de los negocios rentables con mayor accesibilidad de todos los tiempos.

Es que efectivamente toda aquella vieja estructura de negocios cambió, ver desde cerca el mundo en la actualidad puede resultar verdaderamente sorprendente, todo el cambio, toda la vuelta que este ha dado es una verdadera sorpresa para muchos, pero este volumen va a aclarar todo este asunto.

Por esta misma razón es que a partir del primer capítulo vamos a dar un buen recorrido aunque de manera muy puntual por la historia de este mundo de negocios, vamos a descubrir cómo fue que esto pasó de ser una simple expresión de intercambio llevada a cabo en las sociedades medievales, a convertirse en una de las instituciones comerciales más sólidas de todos los tiempos, que ha ido de forma exitosa transformándose en todo el proceso evolutivo de la historia, y esta evolución no ha llegado a su fin, sino que en la modernidad sigue dando pasos agigantados.

Todo este proceso y toda la evolución que te estoy mencionando ha sido la causa y origen por la que el negocio del mercado de acciones en uno de los negocios más rentables de la modernidad al que puedes tener acceso de manera sencilla, y no es que desempeñarlo sea sencillo, (aunque tampoco algo que requiera de un posgrado en economía y finanzas), pero lo que quiero demostrar en este momento es que todo el proceso histórico y evolutivo por el que ha atravesado este negocio nos ha brindado la enorme ventaja de tener a nuestro alcance uno de los mejores y más rentables negocios del mundo al alcance de nuestras manos.

Seguidamente me he dado la tarea por hacer un despeje muy detallado respecto a lo que es las acciones, en el capítulo dos vas a encontrar una guía muy clara y detallada sobre este asunto, reza un viejo adagio "zapatero a su zapato" y desde luego que es algo lógico, cualquiera sea el nicho en el que desees trabajar una de las primeras acciones y sin duda la más importante es el conocimiento lo más amplio posible sobre el tema que vas a manejar, en nuestro caso la materia prima, el producto principal a través del que vamos a percibir ganancias será por medio de las acciones, entonces no se diga más, hay que ampliar nuestros conocimientos sobre esto.

Es que al hablar de acciones solo se nos puede venir

a nuestra mente una idea muy genérica sobre ello, "sencillamente una figura legal de intercambio en la que le doy mi capital a un empresario para que invierta y este me retribuya el préstamos con ganancias de la empresa". Muy bien, no está mal esta idea, pero hay que ser muy sensatos no llega hasta ahí, hay cientos de detalles que saber y conocer respecto al mundo de las acciones, los tipos de acciones, las condiciones que puedan surgir respecto a esas acciones y mucho más.

En el capítulo número tres te haré un maravilloso regalo, se trata de una lista detallada en la que te voy a explicar paso a paso las razones que hacen que el negocio del mercado de valores sea una de las mejores opciones de negocio para tu vida, no se trata de razones subjetivas ni emocionales producto quizás de algún tipo de fanatismo que alguien pueda desarrollar al enamorarse de algún tipo o modelo de negocios, por el contrario las razones que vas a encontrar en este capítulo se trata de razones claras y objetivas que te ayudarán a ver más de cerca este negocio y las bondades que este posee para ti.

Seguido a todo lo anterior vas a conseguir toda la información que se precisa en la dirección sobre cómo es que se puede acceder, ahora viéndolo desde una perspectiva técnica en el mundo del comercio de acciones, te llevaré paso a paso a conocer cada una de las plataformas que serán la puerta de acceso a este mundo de negocios, desde luego, cuando estoy diciendo "cada una de las plataformas" hay que entender que se trata de las plataformas seguras, ya que tal como te lo explicaré en ese capítulo, hay que considerar con mucho cuidado los distintos bróker que hay en el mercado, y desde luego hay ciertos trucos para poder reconocer cuando una plataforma es segura y cuando no.

En definitiva, te voy a llevar de la mano a conocer los riesgos que puede tener ingresar en este mundo de negocios, y darte toda la orientación que necesitas para ingresar a un mundo que de seguro será provechoso pero siguiendo los distintos consejos que aquí vas a encontrar, en esa dirección estará enfocado los últimos capítulos.

Por lo pronto quiero decirte que te encuentras ante un volumen que va a resultar amigable, didáctico y muy práctico, si has querido adentrarte en este negocio, has encontrado la guía que estabas buscando, sigue leyendo con mucha dedicación y disfruta de todo lo que trae para ti "Comercio de acciones: Una guía fácil para nuevos inversionista"

1

MERCADO DE ACCIONES: CÓMO FUNCIONA

L o primero que deseo es hacer un acercamiento amistoso entre tú y el mercado de acciones, ya sabemos que este negocio naturalmente había sido un tema que se encontraba al alcance solo de aquellos que hacían vida en las grandes capitales del mundo, y por ende los que no contaban con esas característica no tenían más acceso que aquel que le brindaba el canal de noticias en la sección de economía.

Sin embargo esto ha cambiado, hoy por hoy solo requieres algo de tiempo para ampliar las nociones sobre este mundo tan productivo de negocios, una buena computadora y una conexión a internet, para comenzar a formar parte de un universo que te brinda la posibilidad de convertirte en todo un inversionista y ganar dinero desde la comodidad de tu casa.

Pese a todo lo anterior quiero evitar que se considere esto como algo frívolo, es importante darle el valor que en realidad tiene este asunto, uno de los mayores errores que muchos suelen cometer es creer que con tan solo ver un par de videos tutoriales es suficiente para convertirte en el maestro de las inversiones y el mercado de valores.

Esto es un verdadero peligro, ya que no estamos hablando de que puedas perder algo de tiempo intentando hacer un nuevo hobby (aunque ya el solo perder tiempo representa un recurso realmente valiosísimo), estamos hablando de tu dinero, para algunos puede representar un extra que pondrán en juego en su economía personal, pero para otros puede tratarse de todos sus ahorros.

Por lo que este tema requiere que se le considere con la seriedad que el caso amerita, y esto por una razón fundamental, hablar de mercado de acciones puede resultar que estemos hablando del tema que cambiará para siempre tu vida financiera.

Cómo inicia la bolsa de valores

Poder hacer un recuento cronológico sobre este

modelo de negocios puede que sea un esfuerzo que no llegue a un fin claro, es seguro que la historia puede remontarse quizás a la más tardía historia de la humanidad en la que el intercambio de bienes comenzó a utilizarse como medio para suplir las necesidades básicas de los seres humanos, no obstante, seguir el rastro de este sistema de negocios como institución si es posible.

Todo comenzó de acuerdo a la reseña que hacen algunos historiadores a mediados del siglo XV en los países del oeste de Europa, donde se realizaban las ferias medievales, mismas donde se comenzó a llevar a cabo transacciones de títulos de propiedades y todo tipo de valores de carácter mobiliario.

Ahora bien, el término propiamente de "bolsa" tuvo su origen en la ciudad belga conocida como brujas posiblemente a finales del siglo XVI, dice la historia que los comerciantes se reunían en un edificio que resultó ser propiedad de la familia Van der Büerse, palabra última que posiblemente sea la que le confiera el nombre de bolsa a las operaciones, otros aseguran que el término bolsa de valores puede deberse al hecho del escudo que se encontraba en la entrada del recinto, en la que tenía como diseños tres bolsas de piel, esto porque justamente eran este tipo de herramienta la que se utilizaba como medio para transportar el dinero por aquellos años.

Para el año 1460 aproximadamente, se funda entonces la bolsa de valores de Amberes, que sería entonces de manera oficial la primera institución de carácter mercantil tal y como lo conocemos en la actualidad, más tarde se fundaría la bolsa de valores de Londres y la de Francia, que constituyen hasta la actualidad unas de las instituciones de carácter bursátil más importante del momento.

Pero si de institución bursátil relevantes se trata, indudablemente hay que mencionar una de las más famosas del mundo moderno, tal como lo es la bolsa de Nueva York, pese a que puede resultar una de las más recientes (en base a la cronología que estoy haciendo), se puede asegurar que es la institución de venta de valores más importante de la actualidad.

Claro que no es la única, podemos mencionar bolsas de ciudades como Tokio, Hong Kong, Fráncfort, Bruselas, Milán entre otras, que también tienen un nivel de importancia enorme en función de los trabajos que se realizan en el mundo del mercado de valores.

¿En qué consiste el mercado de acciones?

Ya hemos visto una breve reseña de cómo comenzó todo esto, es realmente impresionante ver toda la evolución por la que ha a travesado, y pensar en lo que fue y lo que ahora es, me hace reflexionar muchas veces en la idea de hacia dónde estará caminando el mundo de la bolsa en el futuro cercano, pero más allá de ello quiero hacer un alto en este momento para que podamos centrarnos en todo lo referido a la inversión, a lo qué significa adentrarse en el comercio de acciones, cómo funciona, de qué se trata, para así tener una mejor visión sobre el mismo.

Me gustaría usar una analogía muy sencilla que puede ayudar a ver de forma más fácil y práctica todo este asunto, antes que cargarnos con un montón de teorías que si bien puede que sean necesarias en algún momento, justo ahora puede prestarse más para confusión que otra cosa, de manera que veámoslo de forma sencilla en este momento para luego hacerlo ya un poco más técnico.

Imaginemos que Carlos tiene una tienda de repuestos para computadoras en su ciudad natal, su negocio ha sido muy próspero y ha marchado de maravilla hasta el momento, en tres años de negocios los resultados en términos de ganancia han sido grandiosos, por lo que este decide que quiere montar una nueva sucursal de su negocio en la principal ciudad de su departamento, sin embargo, tras ver los costos que requiere esta nueva inversión (y en base desde luego a sus aspiraciones) resulta que su capital es insuficiente, las opciones para lograr sus objetivos puede que no sean muy amplias.

La primera opción que puede tener Carlos es la de endeudarse con el Banco, pero ¡vamos! A nuestro amigo Carlos no le va muy bien la idea de endeudarse, por lo que recurre al plan "b", un socio, así que German se une a Carlos aportando el capital que requiere para su nuevo negocio y esto va muy bien, a la vuelta de una par de años el negocio se ha vuelto tan popular y tan productivo como el primer negocio de Carlos.

Desde luego las ganancias ahora no pertenecen solo a Carlos, sino que German tiene una participación directa de las ganancias, pero ahora German y Carlos han visto la popularidad que ha logrado alcanzar el negocio de repuestos para computadoras y deciden que es momento de dar el salto para convertirse en la empresa distribuidora de repuestos para computadora más grande del país, pero la verdad es que ni aun los ahorros de ambos socios juntos cubre los gastos que se requieren para lograr la meta, así que se planifican una estrategia, es momento de abrir la participación a todas las personas que quieran invertir en el negocio, de manera que se divide el costo de lo que se requiere para el negocio por cantidades de acciones que serán las que, tras ser vendidas generarán el dinero que se requiere para la inversión,

Así es como se abre la oferta y todos los interesados de invertir y participar en un porcentaje de las ganancias de la distribuidora de repuestos para computadoras compran sus acciones.

Ahora bien, las ganancia de este tipo de inversiones las obtienes cuando se pagan los dividendos por las acciones, sin embargo hay otra manera de ver el tema de la ganancia, sigamos con el ejemplo anterior.

Todo el que quiso participar del negocio compró sus acciones, pero Juan se enteró un poco tarde de esta oportunidad, y cuando quiso adquirir la suya no había oportunidad, de manera que se quedó sin su participación, la opción que surge como conse-cuencia de este deseo de Juan por participar en el negocio al igual que muchas personas como él, es que se abre el mercado de valores, quien la tiene puede jugar con el precio del mercado y ante la alta demanda que hay de títulos, se comienza a dar el factor de especulación de las acciones, en el que los dueños de las mismas pueden aumentar el valor y así adquirir una ganancia rápida de la inversión que realizaron.

Esta analogía que acabo de realizar sirve para tener una visión a groso modo de cómo es que funciona el mercado de valores, claro, se trata de un ejemplo que refleja este negocio de una forma muy genérica, existen un numero enorme e importante de detalles que hay que considerar, pero para eso he preparado todo este estudio, para despejar todas las incógnitas que puedas tener en relación al mercado de acciones, y puedas hacer negocios de forma segura cuando finalmente estés listo para hacerlo.

Características principales del mercado de Valores

Vamos a ver ahora a qué me refiero cuando hablo del mercado de valores, cuáles son las características que definen este medio de negocios que estamos tratando en este momento. Lo que voy a mencionar en este momento son los términos que definen este modelo de mercado.

Dividendo

Esta es realmente la parte que todo inversionista desea una vez entra en el negocio de la compra de acciones, aunque no necesariamente representa la única manera de ganar por medio de este negocio, sin embargo, mientras las acciones sean de la titularidad de una determinada entidad o persona, los dividendos que estos generen serán desde luego del goce y disfrute del titular de dichas acciones.

¿Pero qué son los dividendos?

Los dividendos son la cuota o parte de los beneficios que las empresas destinan para todos aquellos que han decidido invertir en la adquisición de las acciones, como forma de retribución por haber confiado en el proyecto que están apoyando con la adquisición sus acciones.

Pero es importante resaltar que no solo se trata del tema monetario, ya que el ser accionista de una empresa te da una serie de beneficios que trascienden más allá de lo económico, incluso en lo político.

En lo político me refiero de manera puntual a la oportunidad que tienen dichos inversores de participar en las decisiones que se vayan a tomar en relación a la empresa. En relación a lo económico me refiero básicamente a la posibilidad que he mencionado antes de participar en las ganancias que genere la empresa. En cuanto a la repartición de los dividendos es necesario resaltar que no siempre se reparten, de hecho son decisiones que se suelen tomar en junta, pero por regla general las empresas más pequeñas suelen reinvertir para aumentar la expansión de dicha empresa.

Son las empresas verdaderamente grandes y maduras las que suelen más que las anteriores repartir dividendos, por esta razón es que dichas acciones resultan muy apetecibles.

¿Cuántos tipos de dividendos existen?

Para poder hacernos una idea más clara en relación a los beneficios que estamos mencionando en este momento y que en el mundo del mercado de acciones se conoce como dividendo, vamos a evaluar cuáles son los tipos de dividendos que se consiguen en el mundo del mercado de acciones y cuáles son sus principales característica.

Dividendo Fijo: este tipo dividendo se trata de un importe variable una cuota fija que la empresa se ha comprometido pagar a sus accionistas sin necesidad de tomar en cuenta cuál sea el resultado de la actividad económica que este desarrolle.

Dividendo a cuenta: en este caso se trata de un acuerdo que la compañía hace de entregar una parte de los dividendos a los accionistas, incluso antes de percibir de manera tangible las ganancias que generará la actividad que dicha empresa esté realizando, dicho de otra manera es una especie de anticipo que la empresa da a sus inversionistas.

Luego de esta, se presenta otra figura que resulta estar ligado a este aspecto como es los dividendos complementarios, estos serían la parte final del dividendo a cuenta, es decir la culminación de la entrega de los dividendos que se inició en forma de anticipo.

Dividendo extraordinario: estos son los dividendos que se reparten a cada uno de los accionistas por conceptos de las ganancias extraordinarias que haya logrado la empresa.

Rentabilidad

Hablar de rentabilidad es hablar de la capacidad que una determinada organización financiera tenga para generar beneficios en función de la labor que esta venga realizando, y que tiene un impacto en todos aquellos que ha tomado la determinación de asumir una participación en la actividad económica que desarrolle dicha entidad por medio de las acciones adquirida, es el resultado directo de las planificaciones financiera que se obtienen tras un periodo de tiempo, si se cumplen las metas trazadas con el fin que se haya propuesto la empresa.

Se puede asegurar que hay rentabilidad entonces en el caso en el que haya una recuperación, en primer lugar del capital de inversión de dicha empresa, y desde luego de la ganancia que esta va a generar en el tiempo como producto de su actividad.

No obstante, hablar de rentabilidad requiere que haya una separación de las diferentes maneras que esta tiene de verse, en función del objetivo particular del que se esté tratando, en ese sentido se puede hacer una división de la siguiente manera:

Rentabilidad económica: Esto tiene que ver directamente con el beneficio propio de la organización, esto en relación directa a las inversiones que esta haya realizado, es una especie de comparación a través de puntos porcentuales entre la inversión que se haya llevado a cabo por dicha organización o empresa, y los resultados en términos de ingreso que esta, en forma general haya percibido por el trabajo realizado.

Rentabilidad financiera: A diferencia del término anterior, cuando se habla de rentabilidad financiera el enfoque que esto tiene va dirigido a la ganancia desde la perspectiva del inversionista, es decir se trata del beneficio que se obtiene como consecuencia de la inversión en acciones que se hizo en la empresa como tal.

Rentabilidad social: Este término se utiliza para hacer referencia a la ganancia no monetaria que dicha empresa está expresada de otra manera como por ejemplo el tiempo, la felicidad social, incluso el prestigio de esta empresa, esto desde luego se percibe en un ámbito más allá del plano económico.

Acciones

Pese a que sobre este tema estaré desarrollando todo un capítulo, es importante en este momento hacer a manera de introducción una definición sobre lo que es las acciones, desde luego que este es el punto central de todo este asunto, ya que la manera de poder entrar en la jugada del mercado de acciones será posible a través de esta figura, y ya desde hace rato que vengo hablando de ella, pero en sí ¿qué es una acción y como se accede a ella?

En este asunto quiero enfocarme en este momento,

ya que como bien he dicho, antes, acceder a una acción era un asunto solo de un grupo selecto, pero hoy por hoy existe la posibilidad de acceder a este mundo de inversiones desde cualquier parte del mundo casi por cualquier persona.

Dicho todo lo anterior aclaramos que una acción es un título emitido por una empresa u otro tipo de organización, este título representa una de las fracciones en las que se encuentra dividida el porcentaje del capital que dicha organización pretende utilizar como soporte financiero para ejecutar los trabajos realizados por el mismo, las acciones están divididas en parte iguales y brindan una serie de beneficios a los poseedores de las mismas tanto económicos como políticos dentro de la empresa en cuestión.

Diferencia entre una acción y un bono

Ambas figuras puede otorgar una serie de beneficios a quien lo adquiere, sin embargo, es importante hacer una diferencia entre el bono y la acción, para evitar cualquier confusión que pueda existir sobre este asunto.

En consecuencia decimos que en lo que respecta a los bonos solo confiere un derecho con cierto nivel de restricción sobre quien haya hecho dicha adquisición, el bono el otorga en realidad es el derecho en temas de crédito, en función de la empresa que lo está emitiendo, mientras que en el caso de la acción, tal como he mencionado antes, te convierte en dueño de la proporción representada de la empresa en la acción que estás adquiriendo.

En cualquier caso, como mencioné hace un momento, para tener un completo panorama sobre lo que son las acciones y los diferentes tipos de acciones que existen, en el capítulo que continua te daré todos los detalles necesarios sobre este asunto, por el momento quiero poder aclarar cómo es qué se puede acceder a una de estas acciones, considerando que no seamos expertos en el mundo de la bolsa de valores.

Cómo adquirir acciones

Esto es lo que nos va a ocupar el resto de este volumen, la manera más práctica de adquirir acciones y desde luego de forma segura, ya vimos que esto era un oficio que solo podían llevar a cabo personas que pasaban su vida dentro de un recinto en el que se daba todo este fenómeno de compra y vetas de acciones.

Pero esto no es algo que se convierta en la actualidad

en un obstáculo para invertir, ya que a través del mundo web, acceder a este negocio, bien sea desde tu computadora o celular, es algo perfectamente posible, ¿de qué manera? La forma es sencilla, se logra por medio de una plataforma que ha adoptado el nombre de bróker y sirve de intermediario entre una persona y la empresa, brindando la posibilidad de invertir desde tu casa o teléfono celular en el maravilloso mundo de la bolsa de valores.

De este modo vamos despidiendo el primer capítulo, a lo largo y ancho del mismo he despejado todo el camino principal que se requiere para poder dar una mirada más consciente a lo que se trata del mundo del mercado de acciones, tal como lo manifesté al comienzo de este volumen, la intención con la que desarrollaba este capítulo era quitar todo el bagaje que por falta quizás de información, o en otro caso por información mal dada o mal recibida.

Has visto así la historia de la bolsa de valores, y todo el proceso por el que pasó para llegar hasta nuestros días, y así nos encontramos con una manera o expresión de este mundo muy fácil de acceder, aunque no quiere decir que sea muy fácil de manejar, no obstante, aunque no es fácil, no es algo que debamos ver como un gigante, todo lo que se requiere es la información adecuada y algo de dedicación, así podrás hacer de este negocio un estilo de vida con el que puedes no solo ganar unos cuantos dólares, sino que si decides especializarte en este mundo de negocios, puedes conseguir de forma efectiva, la posibilidad de conquistar la libertad financiera con la que muchos soñamos.

2

TIPOS DE ACCIONES: ¿EN CUÁL DEBO INVERTIR?

El capítulo anterior dejó sentada las bases de todo este asunto, de hecho te hablé sobre el mercado de acciones y cuál es la forma en que esta funciona. Ha quedado claro que hay la posibilidad entonces para cualquier persona ingresar al mundo del mercado de valores, lo que se necesita para este objetivo como ya mencioné es una conexión a internet, pero desde luego necesitas el intermediario entre la empresa que va a emitir los títulos de acciones, y desde luego aquellos que los van a adquirir.

Sobre esto ya he realizad algunas menciones antes, se trata de un bróker, y sobre esto estaré dedicando un buen tiempo para explicarte la manera más segura de hacerte de un bróker confiable que te dé la garantía y la confianza de realizar excelentes negocios, pero ¿Cómo será posible entrar en el mercado de acciones sin antes tener una buena claridad sobre los distinto tipos de acciones?

En esa dirección vamos a retomar esto nuevamente, quiero explicarte de manera detallada los distintos tipos de acciones, cuáles son las características y las ventajas y desventajas que te tiene adquirir cada uno de ellos.

En todo caso es imprescindible denotar que el uso o elección de los distintos tipos de acciones pueden estar condicionadas a la plataforma por la que estés ingresando en el apasionante mundo de la inversión en el mercado de acciones, pero puede igualmente estar determinado por el propósito o premura que tengas en este negocio de ver retribuido el dinero de inversión.

Solo quiero darte como consejo que mantengas un buen nivel de paciencia y no permitas que la premura por ver dinero en tu cuenta te lleve a realizar malos negocios, es momento de prestar atención y sacar el mayor provecho a la lección.

Acciones ordinarias

Sobre esto ya he hablado antes, es que cuando hablamos de acciones, por regla general se da la definición que normalmente se le adjudica a la acción ordinaria, pero esto no quiere decir que sean estas las características de todo aquello a cuanto llamemos acciones, lo que quiero reflejar es que hay muchos tipos de acciones, y cada cual con sus características particulares.

Las acciones pueden estar divididas en relación a aspectos básicos, estas se pueden distinguir fundamentalmente basado en el derecho que tengan los accionistas tras obtener de forma legal la o las acciones, y por otro lado de acuerdo a su titularidad y situación.

Particularmente en el caso de las acciones ordinarias, se trata de una de las acciones que resultan ser las más comunes pero además muy abundantes dentro del mercado de acciones.

Una acción ordinaria es una acción que puedes fácilmente negociar, ya que como he dicho, se trata de la más abundante, el título de una acción ordinaria te brinda de entrada la posibilidad de adquirir el derecho de ser dueño de la proporción representada en el titulo o acción que estás adquiriendo, por otro lado, como rasgo principal y muy importante de este producto financiero, es que este no tiene fecha de vencimiento, es decir, mientras la empresa esté realizando normalmente sus operaciones tus acciones, siempre y cuando las mantengas bajo tu poder, seguirá siendo por siempre tuya por lo que los beneficios que se arrojen de esta continuarán siendo tuyos.

Características de las acciones ordinarias

De lo que acabo de mencionar se desprenden algunas de las principales características de este tipo de acciones, sin embargo considero que es necesario sistematizarlas en este momento para tener una idea o noción más ampliada de este tema, así que veamos cuáles son las características particulares de las acciones ordinarias.

Primera característica: Posibilidad de participar en la repartición de los beneficios

Al adquirir una acción ordinaria esta vendrá de plano con toda una serie de beneficios completamente explícitos que vas a recibir en el mismo momento que la adquieras formalmente. Pero bien como acabo de señalar, la empresa será la encargada de establecer las reglas que van a regir este reparto de dividendo, de manera que al mismo momento de iniciar la venta de este producto financiero las reglas del juego estarán perfectamente trazadas.

Segunda característica: Posibilidad de hacer reclamos de los activos que se estén liquidando

Esto es una figura que se puede dar en el momento que alguna empresa se encuentre en situación de quiebra, este tipo de acciones te brinda la posibilidad de que hagas el reclamo y exigencia sobre el valor de la empresa que se encuentre en quiebra, pero hay que destacar que esto debe cumplir un orden donde (aunque suene duro decirlo) el ultimo eslabón de la cadena será en cualquier caso el poseedor de una acción ordinaria.

El orden normal de esta situación siempre va a ser el siguiente: primero se cancela las deudas con los tenedores de bonos, más tarde se debe ajustar las deudas con aquello accionistas que cuentan con acciones de características especiales, y por último, una vez se haya resuelto todo lo anterior es que se dará la atención debida a los inversores de acciones ordinarias, pero se corre el riesgo incluso de que no reciba la retribución de su aporte.

Tercera característica: Posee el derecho a voto

Y es importante subrayar esto, el accionista ordinario resulta ser el único dentro de todos los modelos o formas de accionistas que tiene derecho a emitir voto en las juntas para elegir el concejo administrativo de la empresa.

Cuarta característica: Capacidad de decidir sobre el destino de su acción

Esta es otra interesante característica, el dueño de esta acción tiene la posibilidad de obtener ganancias de varias maneras, bien sea por medio de los dividendos que la empresa le otorga como ley por la adquisición de dicha acción, pero existe dentro del marco de posibilidades la opción de poder vender la acción si así lo desea, sobre todo en el caso en que la demanda de acciones pueda aumentar por lo cual se suele especular con los precios a fin de obtener buenas ganancias en poco tiempo.

Quinta característica: Tiene el derecho a exigir información

Por ultimo quiero señalar esta característica que para muchos es realmente importante, sobre todo en el caso de los grandes inversores, pues hay personas que esto lo llevan muy en serio y hacen inversiones realmente importantes, por lo que es de mucho interés para estos tener información de cómo se va comportando el mercado en el que tiene invertido su dinero.

Por lo antes dicho es que esta característica es sumamente importante, ya que los dueños de estas acciones pueden exigir a la empresa los resultados y cualquier tipo de información que resulte importante y relevante para los fines de la inversión de dicho individuo.

Ventajas y desventajas de las acciones ordinarias

A pesar de todo lo que acabo de mencionar es importante destacar que no todo es color de rosas, hay algunos pro y contras que se deben tener en cuenta al asumir un compromiso como el de hacer una inversión en el mercado de acciones, así que veamos los beneficios pero además los riesgos o desventajas que existe en este tipo de acciones.

Ventajas

En primer lugar todas las personas que realizan la adquisición de un modelos de acción ordinaria tienen derecho de suscripción preferente, es decir que al ser emitidas nuevas acciones son estos accionistas los que tienen opción de preferencia. Pero también recibir dividendos en los casos que la empresa decida repartir parte de los beneficios a los accionistas, el poseedor se esta acción podrá recibir la posibilidad de percibir ingresos pasivos recurrentes, cuentan con voz de voto en las juntas de accionistas, privilegios que otro tipo de acciones como la preferente no brinda.

Desventajas

En cuanto a las desventajas que puede tener este tipo de acciones, es importante resaltar sobre cualquier otro el hecho siguiente: las acciones de otras características (como el caso de las acciones preferentes de la que estaré hablando de inmediato) tienen privilegio a la hora de que los resultados de la empresa hayan sido desfavorables y esta decida pagar los dividendos.

Igualmente ocurre en el caso particular que la empresa haya terminado en la quiebra, esta saldará sus deudas con otros modelos de acciones primero y en últimas instancias es que se le brindará la atención debida a los inversores de acciones ordinarias, pero como ya he mencionado antes, existe incluso un enorme riesgo de no recuperar la inversión realizada, pero ya en otro capítulo estaré ahondando un poco más sobre este asunto.

Acción preferente

Este es el segundo tipo de acción que quiero mencionar, y este modelo de acciones guarda cierto parecido con el anterior, en el sentido que los posee-dores de dicha acción igualmente tienen la titula-ridad de dicha empresa en la proporción del porcentaje representado en la acción que ha adqui-rido, con la diferencia que este tipo de acción otorga ciertos beneficios a los inversores por encima de aquellos que han obtenido una acción ordinaria o "común", sin dejar de lado claro está, que igualmente tiene ciertas desventajas.

Ventajas de la acción preferente

El privilegio principal que este tipo de accionista recibe es básicamente de carácter económico, por ejemplo, quien posee una acción preferente tiene la ventaja sobre las acciones ordinarias al momento de recibir los dividendos, es decir, el inversionista que posea este tipo de acciones estará destinado a recibir primeros los dividendo por sus acciones.

Pero como punto importante es preciso ver que en el caso particular en el que la empresa no haya tenido los resultados que se han estado esperando, pero en consecuencia los accionistas decide igual-mente pagar dividendos, serán los accionistas preferentes los que estarán en la primera lista para recibir sus pagos, y además van a recibir la cantidad que ya había sido acordada, contrario al caso de los accionistas ordinarios, que posiblemente cobrarán una cantidad más baja incluso existe la posibilidad que no hagan ningún cobro como ya expliqué antes.

Además de todo lo que acabo de mencionar, existe la posibilidad de que en algunos casos las empresas establezcan un acuerdo de dividendo para este tipo de contrato, incluso sin importar el tipo de resultados que la empresa pueda tener en función de las actividades económicas a la que la empresa se dedica.

Otra de las grandes ventajas que se obtiene con este tipo de acciones está en la protección que tiene sobre la inversión realizada, ya que en caso de posible quiebra por parte de la empresa, una de las primeras obligaciones es saldar sus deudas y aquellos que cuentan con la posibilidad y el privilegio de ser los primeros en recibir el pago por su inversión serán los que hayan obtenido acciones de tipo preferente.

Con relación a los rasgos que posee parecido al tipo de acción ordinaria encontramos que esta tampoco tiene tiempo de caducidad, por lo tanto mientras la empresa esté en pleno funcionamiento de su actividad económica, quien posea este tipo de acciones sigue gozando de la posibilidad de recibir los dividendos que vaya generando la acción.

Desventajas de la acción preferente

Pero en relación a las posibles desventajas que pueda tener este tipo de acciones, podemos encontrar el hecho puntual que este tipo de acciones no permite al poseedor tener voz ni voto en las juntas que celebre la empresa con socios, tampoco pueden asignar ningún tipo de capital que pertenezca a la empresa.

Otra de las grandes desventajas se trata de lo escasas que resultan ser, la cantidad que están en oferta son realmente muy bajas, por lo que tratar de conseguirlas se puede convertir en un trabajo un tanto difícil, pero sumado a eso está el hecho que se trata de un activo considerablemente ilíquido, dicho de otra manera, el movimiento de compra venta a partir de la emisión de una orden bien sea de compra o de venta es bastante escaso.

Ahora bien de lo que acabo de mencionar puede darse que el hecho de no tener voz y voto en los asuntos de la empresa puede parecer un hecho que carece de importancia o parece irrelevante, no obstante, la realidad de esto es que hay situaciones muy particulares en las que el simple hecho de no contar con la posibilidad de tener derecho sobre las decisiones de la empresa puede resultar un verdadero problema.

Un ejemplo de esto puede ser el caso en el que exista una lucha por tomar la dirección de la empresa por parte de dos o más inversores, ya que esto puede representar un verdadero obstáculo a futuro en lo relativo al destino de la inversión realizada.

En el caso que acabo de mencionar es justamente donde una "acción del tipo ordinara" puede parecer mucho más valiosa que una acción preferente.

Una vez visto todo este asunto, hay algo que me parece verdaderamente importante que consideremos por el bien de la seguridad de la inversión, este tipo de acción, a pesar de ser una acción de característica preferente no ha dejado de ser un activo de renta variable, lo que implica que su precio de cotización en bolsa puede perfectamente variar.

Tipos de acciones preferentes

Ahora bien, una de las características principales de este tipo de acciones es que posee varios tipos o modelos, así que vamos a ver de manera concreta cuáles son los distintos tipos de acciones preferentes.

Acciones preferentes acumulativas

Este tipo de acciones tiene una característica interesante, y es que en caso de no recibir los dividendos este va acumulando para pagos a futuros, gozando como es normal de este tipo de acciones de la prioridad de pago por encima de las acciones comunes, pero además teniendo prioridad en el orden de pago entre las acciones de su mismo tipo.

Acciones preferentes no acumulativas

Todo lo contrario al caso anterior, en este caso los dividendos que no hayan sido pagados no se acumulan para el futuro, este tipo de casos suele darse en situaciones como las acciones emitidas por las entidades bancarias.

Acciones preferentes convertibles

Estos son modelos de acción que cuentan con la capacidad de poder convertirse en acciones ordinarias a futuro, por lo general el número de acciones en las que se podrá convertir puede haber estado ya pre-establecido en el acuerdo iniciar del contrato.

Acciones preferentes intercambiables

Estos son modelos de acción preferente de una empresa que tiene la potestad de ser intercambiada por algún tipo de deuda convertible, o por otro otra forma de acción, que tenga claro está, otro tipo de seguridad.

Acciones preferentes de renta mensual

Este tipo de acción es una mezcla entre dos elementos claros, me refiero puntualmente a la acción preferencial y a su vez a la deuda subordinada.

Acciones preferentes participante

En este caso existe un factor que resulta altamente productivo e interesantes, se trata de la posibilidad de recibir ciertos derechos sobre las ganancias particulares por encima de los derechos que ya normalmente posee como inversionista en el tema de acciones.

Acciones preferentes perpetuas

Estas son las acciones que perduran, es decir que no pueden ser liquidadas por el emisor, lo que implica que no hay fecha para la devolución del capital invertido.

Estas son las diferentes variables que tiene este tipo de acción, ya tenemos una visión más amplia sobre los tipos de acciones, pero en función de todo lo que acabamos de hablar existen algunos detalles extras que me gustaría darte respecto al tema de las acciones preferentes, fundamentalmente quiero que tomes en cuenta el tener el cuidado de revisar bien cuáles son las condiciones establecidas por la empresa que emite, porque todos los modelos de acciones preferentes que acabo de mencionar, pueden convertirse en condiciones previas a la emisión del contrato. ¿Pero qué significa esto?

Esto no se trata solo de algo caprichoso, se han dado casos muy lamentables en ese sentido, por ejemplo sucedió hace algún tiempo que algunos bancos españoles no dejaron completamente claro algunos detalles, y los inversionistas se confiaron que los dividendos eran fijos, pero tras la caída de las acciones en la bolsa los dividendos bajaron, y muchos de dichos inversionistas llegaron a perder gran parte de su inversión por desconocer este tipo de detalles, así que si se te presenta la oportunidad de hacer inversiones en acciones preferentes debes estar muy atentos, insisto, las condiciones pueden variar.

Ya te he demostrado con sumo detalle, todos y cada uno de los aspectos relacionados con el tema fundamental que estamos viendo en este volumen, es decir las acciones, una vez que hayas despejado tus dudas en este sentido hay una duda mayor que estoy completamente convencido que puede haber pasado por tu mente, incluso puedes tenerlo en este instante, ¿Por qué invertir en mercado de acciones?

En este sentido quiero ya dejar cerrado todo este asunto respecto a las acciones, y en esta dirección hablar de las razones claras y desde luego objetivas del porqué la inversión en mercado de valores es una opción completamente adecuada para ti justo ahora, prepárate para ver todo esto más de cerca, y comprender que estar en este instante adquiriendo toda esta orientación que a través de este volumen te estoy dando, es sin duda alguna una de las mejores oportunidades que puedes tener en tu vida, ¡sigue conmigo!

3

¿POR QUÉ INVERTIR EN EL MERCADO DE ACCIONES?

Abordar este capítulo me regala la oportunidad de plantearte de forma respetuosa una de las mejores oportunidades que hay en el mundo de los negocios, y desde luego la oportunidad que va a llegar a tu vida que de seguro has estado esperando por mucho tiempo.

Una de las características que distingue al hombre y la mujer de hoy es su deseo casi natural de salir de la zona de confort y aventurarse por nuevos rumbos en el deseo incontrolable (al menos así fue en mi caso) de romper el molde en el que se nos ha querido introducir, es decir la manera ortodoxa que nos han enseñado de ver la vida y de cómo manejarla.

No es que este mal la estructura, y mucho menos

llevar el patrón que nos han enseñado, está bien crecer, estudiar, hacerse de una profesión, para tener una familia e ir cada día al trabajo, ver llegar la vejez para esperar con mucha suerte, una pensión que nos sostenga hasta que toque partir de esta tierra, insisto, no está mal. Pero si bien no está mal, tampoco es que está del todo bien.

Quiero ponerte un ejemplo de lo que estoy diciendo, el cuerpo humano necesita de nutrientes, y sobre todo de macronutrientes para tener energía, necesitas grasas, proteínas, y carbohidratos, podrías agarra cada día un pan, un trozo de carne cocida en agua (sin sal ni ningún tipo de condimento) y tomar una taza de aceite, listo, cumpliste con la cuota, ¿está bien? Bueno, aunque la analogía falla (porque son muchos más los elementos que el cuerpo requiere para una buena nutrición) podemos decir a rasgos generales que sí, todo está muy bien, ¿pero se pudo disfrutar eso? Sé que vas a estar de acuerdo conmigo que no, es imposible que alguien pueda disfrutar de eso.

Así mismo, como la analogía que acabo de usar sucede con el tema de la forma de vivir la vida, podemos cumplir con todos los patrones que la sociedad ha impuesto como las reglas de vivir, pero esto no quiere decir que sea bueno para nadie, vivir bajo un patrón mecánico por toda la vida.

Dicho esto, vemos entonces cuál es la razón por la que muchos nos vemos o nos hemos visto en un punto de la vida con una extraña sensación como que estamos en un callejón sin salida, queremos más, queremos darle un cambio a nuestras vidas, y ese cambio tiene un punto de arranque que es casi el común denominador en todos nosotros, "libertad financiera".

Justamente por eso sé que estas aquí, porque estás buscando darle un vuelco a tu vida, y justamente en la era tecnológica es un verdadero sin sentido querer cambiar nuestra situación financiera haciendo un trueque de nuestro "tiempo" por algo de dinero, la verdad de todo esto es que queremos poder tener una mejor vida financiera, pero en todo el sentido de la palabra vida, es decir no convertirnos en esclavos del excesivo trabajo, sino poder encontrar el perfecto equilibrio entre trabajo y tiempo de calidad, para disfrutar más de la familia, los amigos y de nosotros mismos, es decir una vida de calidad.

Existen un amplio número de opciones que sin duda pueden ayudarte a salir de la zona de confort e iniciar en el mundo del emprendimiento, pero has dado en el clavo, aunque la verdad es que el mercado de acciones representa algunos riesgos, si logras entender cada uno de los principios que te estaré enseñando más adelante, sin duda que se minimizan los riesgos y se incrementa la posibilidad de que este negocio se convierta en la oportunidad de tus sueños.

Incursionar en el mundo de las acciones no se trata de una especie de hobby con el que puedas entretenerte por un rato y sacar algo de ganancias extras para complementar tu salario (tal vez sí, eso es algo que depende exclusivamente de cada persona en particular), pero cuando hablamos de mercado de valores estamos hablando de un oficio que, como cualquier arte, si aprendes bien el oficio se convertirá de forma irremediable en el medio que has buscado para cumplir definitivamente el sueño de la libertad financiera.

Pero más allá de todo lo que te acabo de decir, quiero regalarte las razones por las que debes invertir en el mercado de valores.

Invertir en el mercado de acciones es una de las formas más seguras de invertir tu dinero

Muchas personas han tenido la inclinación a la idea

que la inversión en bolsa es un asunto de suerte, tanto es así, que algunos incluso están convencidos que este tipo de inversión es una forma de lotería, en la que vas a hacer tus apuestas a ver si quizás pueda ser que te ganes el numero gordo, pero la verdad es que no hay nada más alejado de lo que es la realidad que esto.

La garantía que puedes tener en el sentido que es una inversión inteligente con la que tendrás tu dinero seguro, radica en el hecho que invertir en este tipo de negocios no es algo que vas a hacer de manera irresponsable, sino que sin duda se necesita una preparación y justo eso es lo que estamos empezando con este volumen.

Por otro lado hay que considerar algo muy importante, en el tema de la inversión de acciones no estamos jugando a una especie de competencia en la que unos ganas y otros pierden, los inversionistas, pero sobre todo los grandes inversionistas está apostando al éxitos de sus emprendimientos, y desde luego este éxito supone una posibilidad en la que, si ellos ganan el comprador de acciones también gana, es decir se trata de ganar todos.

Pero como venía diciendo, el trabajo de la compra y ventas de acciones es un trabajo que está respaldado por principios estadísticos, se trata de una ciencia que nos ayuda a comprender el comportamiento del mercado a nivel mundial.

Por otro lado, los bróker modernos (plataforma de bolsa de valores por internet) cuentan con formas de trabajo y oportunidades de aprender cómo se mueve el mundo del mercado de acciones, y nos dan la oportunidad de comenzar a llevar a cabo nuestros primeros pasos sin poner en riesgo nuestro dinero, ya que muchas plataformas en forma de demo te brindan dinero virtual (no real) para que vayas dando los primeros pasos y acumulado experiencia.

Pero no quiero parecer un fanático y fundamentalista en este momento, respecto a este asunto, vamos a verlo desde la otra cara de la moneda, ¿hay riesgos? Sí, pero es qué acaso hay algo que no implique riesgos, sin duda que sí, todo tipo de emprendimiento puede fracasar, si decides que lo que quiere es emprender un restaurante de hamburguesas y salchichas la preocupación sería la misma.

De acuerdo a estadísticas muy importantes, más del 80% de los emprendimientos fracasan en los primeros cinco años, todo lo que vayas a emprender va a representar de alguna manera un tipo de riesgo, lo que en realdad necesitas es tratar de blindarte contra dichos riesgos.

Cuando hablamos de invertir en el mercado de acciones debemos ver lo siguiente, para que puedas fracasar debe fracasar la empresa en la que estás aportando tu dinero, y desde luego como vamos a ver más adelante, a la hora de hacer inversiones en este mundo es importante hacerla en empresas que sean sólidas, tocaría apostar a la hecatombe económica mundial para fallar e este tipo de negocios, y eso creo que es un poco exagerado.

Para que tengas una idea de cómo invertir en el mundo del mercado de acciones y lo hagas de la manera más segura y sin poner en riesgo tu inversión te daré algunos tips que seguro te van a servir.

Tips # 1: Estudia todos los días

Reza un dicho: "la práctica es la que hace al maestro", de manera que no puedes cometer el error de ver esto como solo un pasatiempos, sino que debes convertirte en un verdadero estudioso, cada día debes estar atento a los movimientos del mercado, cuál es el comportamiento que este tiene, y has tus propias estadísticas, trata de atinar cada día ante la posibilidad de lo que pueda suceder con el mercado basado en la intuición que iras desarrollando con la observación.

Tips # 2: Hazte de un bróker sencillo

El mundo web nos ofrece en este momento un número muy grade de plataformas bróker con la que podrás acceder a este mundo, sobre los distintos tipos de bróker que vas a encontrar y sus principales características te estaré hablando en futuros capítulos

No obstante y a modo de adelanto te quiero dejar que hay de todos gustos y colores, algunos más sofisticados que otros, con características propias de la experiencia que puedas tener sobre el tema, la idea es que no te dejes impactar por la publicidad o por las funciones, busca un bróker que te resulte sencillo y con el que puedas ir adquiriendo la experiencia que requieres para convertirte en un experto en este negocio, luego puedes dar el salto a algo más sofisticado.

Tips # 3: Aprende de los expertos

Justamente en la misma dirección de lo que vengo hablando en el tips anterior, está planteada la idea que te estoy dando ahora, muchos bróker te brindan la oportunidad de ver los movimientos que hacen otros accionistas, de manera que algo que debes hacer para aprender a realizar movimientos inteligentes, es convertirte en observador de lo que lo mas experimentados hacen en este negocio.

Como aporte final sobre este punto quiero subrayar algo importante, y es que tenga algo de paciencia, no vayas aun de manera impaciente a buscar bróker, sobre esto hay que tener también un especial cuidado, ya que hay muchos bróker poco confiables, pronto te estaré dando toda una orientación sobre este asunto.

El mercado de valores brinda una alta rentabilidad

Este es otro de los aspectos que hace altamente interesante el mercado de valores, los niveles de rentabilidad que este puede generar son verdaderamente sustanciosos, hablando de un inversionista en sentido normal puede generar un promedio anual entre el 25% y 30% de rentabilidad en relación a su inversión, esto comparándolo por ejemplo con negocios como el de bienes raíces representa una súper ventaja.

Si vemos de cerca el tema de comprar bienes para vender y reinvertir se puede observar que este mecanismo puede generar un promedio de 6% a 12% de rentabilidad anual, lo que significa que la ventaja que tiene el negocio de mercado de acciones es completamente superior que el de bienes raíces.

No obstante los números que acabo de dar en el tema que nos ocupa están enfocados en un año normal de trabajo para un inversionista, pero hay que considerar el hecho de que hay años que suelen ser mucho mejores por lo que la rentabilidad sin duda mejorará.

El mercado de acciones es un mercado muy amplio y en constante expansión

Cada vez que un individuo despierta en su vida el deseo de romper la burbuja y salir de la zona de confort, y se perfila hacia el mundo de las inversiones, lo más seguro con lo que se va a topar es con un mar de incógnitas sobre qué es lo que debe hacer, cómo debe invertir su dinero.

El mundo del mercado de acciones está repleto justamente de nichos y rubros en los que puedes perfilar tu inversión, desde luego que el trabajo tuyo es el mismo, sin embargo lo mejor de todo esto es que no importa cuál es el producto que esté en la palestra en este momento, invertir en acciones es asegurarte que siempre habrá trabajo, puede ser en turismo, aviación, en la medicina, universidades, el petróleo, mundo de tecnología y un muy largo etcétera, siempre que haya una actividad económica en el mundo, habrá bolsa de valores, y desde luego habrá acciones para comprar y vender.

Puedes contar con liquidez casi instantánea

Quizás a todos nos ha pasado que tenemos un capital en inversiones, pero de manera casi repentina se da el caso que se presenta una oportunidad mejor, por lo que el dinero que tiene en esa inversión le sería útil, pero un caso peor puede darse que se presente una emergencia médica o de cualquier otra índole y el dinero que tienes en dicha inversión sería útil.

Normalmente puede suceder que dicha inversión para convertirla en dinero nuevamente se requiera de un largo proceso, por ejemplo se puede tratar de una venta de algún bien, por lo que si se trata de una emergencia puede ser verdaderamente lamentable esta situación, bien, en el caso de la inversión en el mercado de acciones esta es una gran ventaja, solo con un mensaje que hagas a tu bróker o tal vez una llamada puedes tener tu capital de regreso a tu cuenta bancaria, ya que este es un negocio en el que puedes salir con la misma facilidad con la que has entrado.

Trabajar en el negocio del mercado de acciones no acapara tu tiempo

En mi caso particular, esta fue una de las principales razones por las que decidí entrar en este negocio, el tiempo tiene un valor incalculable, es la materia prima de la superación en la vida que no habrá manera de recuperar jamás, tiempo que pierdas estará para siempre perdido.

Lamentablemente el mundo laboral tradicional ocupa de nosotros justamente este rubro, "el tiempo", míralo de la siguiente manera: el oficio que desempeñas normalmente es algo que cualquiera puede hacer, y te doy la garantía que por más bien que hagas algo, en el camino siempre habrá alguien que lo haga mejor que tú, no estoy sugiriendo de ninguna manera que haces un mal trabajo, pero la verdad es que tu gran capacidad o talento para llevar a cabo tal o cual profesión no representa el producto de mayor interés de tu jefe.

El producto de mayor valor para una empresa se traduce en el tiempo que dedicas a llevar a cabo las tareas propias del oficio que estas ejerciendo, te están comprando tiempo, y ese tiempo que dedicas en llevar a cabo los sueños de otros, es el que ellos van a disfrutar para sus propósitos de vida personales.

Lo bueno de este negocio es que te va a permitir cambiar tu estatus de vida y a su vez te dará la oportunidad de invertir tiempo en otros asuntos más valiosos para ti.

Indudablemente debes inicialmente invertir más tiempo en esto, y eso va a estar definido por la determinación que puedas tener de liberar tu tiempo cuanto antes, es decir, a mayor tiempo invertido al principio en aprender el oficio del mercado de acciones, más cerca estará de la libertad que te mereces y que deseas para tu vida.

¿Qué es lo que se debe hacer en este modelo de negocio?

Bien, quiero que evalúes los puntos que debes atender de manera urgente y que serán los que marcarán el camino para convertirte en un inversionista exitoso de manera acelerada.

Los elementos en lo que debes fijarte de manera inicial en este sentido son: la proyección, las ventas, utilidad, competencia, valor, entre otros, esto lo puedes ir aprendiendo de manera muy fácil en la comodidad del hogar, aunque si tu deseo es hacerlo con premura te recomiendo que te apuntes a un buen curso sobre el tema, una vez que hayas aprendido los principios sobre esto, lo que corresponde es tener el hábito de hacer el seguimiento correspondiente a la empresa en la que has hecho tu inversión.

En definitiva, quiero que seamos sensatos en esto, no trato de ser fundamentalista y es algo que ya he dejado claro antes, sin embargo es importante destacar que todo lo que he propuesto e este capítulo es una apreciación basada en la experiencia personal, desde luego que existen muchos modelos de negocios y muy lucrativos, no obstante, mi intensión ha sido poder brindarte una visión sobre uno de os negocios que sin duda se ha convertido en una de las más grandes oportunidades de este tiempo para los inversionistas.

De esta manera avanzamos, acompáñame a seguir conociendo uno de los mejores negocios que puedes encontrar en este momento, vamos a ver en los capítulos que siguen, cómo es que este negocio luego de ser tan distante, ha venido a convertirse en uno de los negocios más accesibles para el hombre común del siglo XXI.

4

CONOCIENDO LOS BRÓKER: UNA FORMA SEGURA DE INVERTIR

Una de las situaciones que suele causar mayor temor en todas aquellas personas que buscan un nuevo medio para llevar a cabo sus inversiones, es tener que poner su dinero en manos de otros sin la "garantía" de contar con la seguridad que el dinero está en buenas manos y por ende no será víctima de estafa.

Y esto está muy bien, es extremadamente fácil en nuestros tiempos encontrar todo tipo de vandalismo, en cualquier dominio en el cuál se maneje dinero siempre puede haber situaciones en que alguien quiera sacar partido y se aproveche de ciertas habilidades mal utilizadas, y aprovecharse de gente inocente y sobre todo personas inexpertas, evidentemente el mundo de los mercados de acciones no tienen por qué ser la excepción, siempre hay un peligro latente de ser víctima de estafa, pero esto en el punto que puedas carecer de la información necesaria respecto a la manera correcta en la que debes utilizar tu dinero.

Para empezar a despejar dudas y allanar todo este terreno, quiero iniciar por describir qué es un bróker, de donde proviene esta figura y cuál es la función que cumple.

¿Qué es un bróker?

Esto es lo primero, un bróker es "un intermediario", puedes verlo como persona, como institución, como plataforma, como quieras verlo, pero en rasgos generales esto es lo que define esta figura, se trata de aquello que está ejerciendo la función de intermediar entre un comprador y un vendedor, es válida la aplicación del término a otros ámbitos del mundo financiero más allá del aplicado en el plano del mercado de acciones.

Eso se resume en lo siguiente, estamos hablando de una persona o una institución cuya función es la de llevar a cabo operaciones de carácter financiero en relación a la compra y venta de ciertos instrumentos, tal como es el caso de las acciones.

El trabajo fundamental que esta figura desempeña es la de encontrar bien sea vendedores o compradores basado desde luego en las necesidades que tenga el cliente en un momento particular.

Los bróker pueden ofrecer una diversidad de instrumentos financieros, sobre lo que sus clientes pueden operar satisfactoriamente y hacer un mundo de negocios por medio de esto, por ejemplo: Acciones, divisas, materias primas, índices bursátiles entre otras. Para poder operar como bróker es completamente importante y necesario cumplir con ciertas normativas, mismas que rigen los mercados financieros, pero no solo eso, igualmente debe contar con la supervisión de una serie de organismos reguladores con competencia en el área financiera.

La visión que pudo existir en otro tiempo respecto a esta figura del mundo de la bolsa de valores ha evolucionado de manera increíble, sin hacer una referencia tan grande a todo el recorrido que este término ha sufrido, solo quiero limitarme en señalar que el imaginario de bróker del hombre moderno eran los bancos o algunas instituciones financieras.

No obstante, la manera en que se puede acceder a este tipo de negocio en la actualidad es verdaderamente sencillo, solo necesitas trabajar por medio de un bróker online que cuente con las garantías necesarias de seguridad, para que al momento de hacer tus inversiones no corras ningún peligro de poner en riesgo tu dinero, y la garantía está principalmente en el hecho que dicha plataforma cuente con las regulaciones necesarias por parte de los organismos internacionales encargados de controlar este tipo de negocio.

Existen algunos organismos de aplicación nacional, es decir que aplican regulaciones dentro de los contextos de algunos países, mientras que otros hacen dichas regulaciones a nivel global, quiero mencionarte los más importantes.

Financial Industry Regulatory Autority

Esta institución conocida como "FINRA" es uno de los organismos más importantes en el los Estados Unidos de Norteamérica, esta institución es el resultado de la fusión que hiciera el comité regulatorio del New York Stock Xchange junto al National Association of Securities Dealers, esta ultima la que fuera una de las principales asociaciones de comerciantes de acciones de los Estados Unidos.

Autoridad de conducta financiera del Reino Unido (FCA)

Este organismo original del Reino Unido, es el encargado de regular a todas las empresas de servicios financieros, bien sean mayoristas o minoristas, que a pesar de estar establecida en este país es absolutamente independiente del mismo, dentro de las labores que este desempeña se encuentra la posibilidad de prohibir productos financieros, lo mismo que alguno servicios, y tomar acciones sancionatorias en los casos en los que algunas empresas de carácter financiero puedan incurrir en situaciones de riesgos para los clientes.

Cypruss Securities and Exchange Comission (CySEC)

Este es uno de los organismos más prestigiosos en cuanto a temas de regulaciones, al ver un bróker que es regulado por esta agencia, puedes de inmediato tener la seguridad que puedes trabajar con esta plataforma con toda tranquilidad, esta es la máxima autoridad reguladora de empresas de servicios y productos financieros de Chipre.

Toda empresa de servicios financieros que desee operar en Chipre y en consecuencia se encuentre regulado por este organismo, cuenta con la supervisión basada en las obligaciones y reglas en este sentido emitidas por la Unión europea, por su parte,

entre las distintas obligaciones que tiene este organismo se encuentra:

- Estar atentos a que las empresas de servicios
  financieros tanto de Chipre como todas
  aquellas que operen dentro de este mercado,
  cumplan con buenas prácticas de dicho
  mercado
- Igualmente se encarga de otorgar licencia a las
  compañías que operan en este tipo de negocios
- Por otro lado se encarga en caso de ser
  necesario de aplicar sanciones y de carácter
  administrativo y disciplinario a todas
  aquellas empresas del sector financiero en
  caso de comprobarse operaciones de fraude
  en sus plataformas

Desde luego existen muchos organismos, algunos
están limitados a la regulación exclusiva de las plataformas de su propio país, sin embargo, estas son las
principales a nivel mundial y que brinda un gran
plus cuando de garantía hablamos.

Es momento de echar un vistazo a aquellas plataformas que funcionan en la actualidad y que de
hecho representan los más importantes del mercado.

Los mejores bróker del mercado

Este aspecto es sumamente importante, ser conscientes que existen una serie de plataformas bróker que no cumplen con ciertas regulaciones, y esto desde luego representa un peligro para tu inversión, por ello es que a la hora de planificar tu inversión en el mundo del comercio de acciones lo primero que debes ver es en que bróker vas a confiar tu dinero, ya que se corre el riesgo de elegir mal y esto puede traducirse en peligro para tu dinero.

Lo que viene a continuación es un importante trabajo en el que he hecho una recopilación cuidadosa sobre las principales plataformas por las que podrás iniciar en el mundo del comercio de acciones, voy a mostrarte cuáles son las características de dicha plataforma y algunas de la ventajas que cada una de ella tiene en comparación con otras, lo realmente importante es que estas plataformas bróker de las que voy a hablarte son las de mayor prestigio en el mercado, por lo que son las que recomiendo para que puedas trabajar sin comprometer tu capital.

XTB on line trading

XTB se trata de una de las plataformas de bróker más antiguos del mercado, la empresa inició sus trabajos a mediados del año 2002 y durante todo este tiempo ha venido consolidándose como uno de los bróker más confiables del mercado, y la confiabilidad surge en varios aspectos básicos, en primer lugar porque cuenta con las regulaciones a nivel mundial por las entidades encargadas de regular el funcionamiento de dichas plataformas.

Esta plataforma inició como un bróker europeo, sin embargo debido a la trayectoria y a la solidez que ha presentado esta herramienta, se ha venido estableciendo como una de las plataformas de bróker más importante a nivel mundial, estableciendo así oficinas en ciudades muy importantes del continente americano y el continente asiático.

Características

Además de las características normales que esta plataforma trae por defecto para sus clientes, en esta podrás encontrar otros elementos interesantes que en mucho de los casos representa una gran diferencia en comparación con otras, por ejemplo puedes encontrar un feed de comentarios en audio, puedes ver que tiene un calendario económico global a fin de tener a la mano y al día los acontecimientos financieros más importantes del momento.

Por otro lado un particular muy característico de esta plataforma es la posibilidad de establecer conexión por medio de chat con otros trader mientras que estás trabajando normalmente con tu plataforma, mientras tanto en el chat tienes la posibilidad de escuchar noticias al día con el fin de poder hacer tus jugadas basado en el comportamiento del mercado momento a momento.

En cuanto al calendario que te ofrece esta plataforma vas a encontrarte con la posibilidad de encontrar la valoración que medirá el impacto que tendrá o que de acuerdo a las estadísticas, pueda ocurrir tras cada uno de los eventos que estarás siguiendo, y por ultimo quisiera señalar que la calculadora con la que cuenta la plataforma, te brinda la oportunidad de agregar ordenes de ejecución inmediata y desde luego las ordenes pendiente.

Ventajas al trabajar con XTB

Esta plataforma es caracterizada por prestar un servicio de atención al cliente de 24 horas, incluso países de Latinoamérica y en España pueden contar con la garantía de disfrutar este beneficio, la plataforma está regulada por los organismos más importantes en materia de control y supervisión de las plataformas del mercado financiero.

Uno de los aspectos que lo hace más atractivo, sobre todo en el caso de aquellos que apenas están iniciando en el mundo del comercio de acciones, es que esta plataforma cuenta con una escuela de inversiones en Latinoamérica, y entro otras cosas te obsequia un servicio de señales de trading.

Desventajas de XTB

La primer desventaja que ha hecho mucho ruido para algunos, es el hecho de contar con una cuenta demo de tan solo 30 días de vigencia, pero además de esto en algunos aspectos operacionales hay ciertas limitantes que la comunidad de usuario ha dejado claro que debe mejorar cuando antes esta plataforma, por ejemplo las comisiones, todos concuerdan que en algunos tipos de productos en particular son algo elevadas, aunque muchos opinan también que por las garantías de trabajo que se encuentran con esta plataforma vale la pena.

Desde luego que hay ciertos aspectos técnicos que requieren una especial atención para hacer algunos ajustes, sin embargo en rasgos generales al contar con esta plataforma podemos garantizar que se trata de una muy buena y confiable para ingresar en este negocios.

Darwinex

Lo primero que quiero resaltar sobre esta plataforma es que cuenta con regulaciones de organismos internacionales, pero concretamente con la FCA, además de esto el hecho de trabajar con cuentas segregadas lo hace muy atractivo, ya que le brinda un mayor blindaje a sus operaciones y te garantiza una completa tranquilidad de saber que es una plataforma segura.

Esta plataforma es una un poco inusual, es decir es un tanto diferente a un bróker normal, a pesar de ser una plataforma realmente nueva se ha convertido en la favorita de muchos inversores, y explicaré en breve por qué. En cuanto a términos característicos en esta plataforma a las operaciones de trading se le llama "Darwins" y la plataforma organiza y genera ranking basado en parámetros claramente establecidos.

Esta plataforma viene operando desde el año 2012 y el nacimiento de la misma se dio con la intensión de brindar la oportunidad de hacer trading social, es decir de poder establecer conexión entre los inversores y así brindarse ayuda de copiar las fórmulas de otros inversores o trader

Características de Darwinex

La característica que define a esta plataforma, es la capacidad que aporta de brindar la oportunidad entre sus trader de copiar las operaciones de cualquier otro trader de la comunidad, y en ella cuentas básicamente con dos tipos de cuenta, a saber, la cuenta trading y la cuenta de inversor. En el caso de esta plataforma el inversor tiene la obligación de cancelar el 20% de las ganancias que obtiene como resultado de la acción copiada, pero las operaciones nunca pierden la propiedad intelectual del trader que la haya llevado a cabo inicialmente.

Ventajas de trabajar con Darwinex

En esta plataforma cuentas con algunas novedades muy interesantes, por ejemplo la posibilidad de darle prioridad numéricamente a las estrategias que hayan dado mejor resultado, la plataforma puede ser utilizada tanto por trader como por inversores. Desde luego que las garantías de seguridad por la forma de trabajar con el capital es uno de los elementos más importantes de esta plataforma, además que te brinda la posibilidad de recibir capacitación totalmente gratuita

Desventajas de la plataforma

Uno de los frecuentes comentarios que hacen algunos de los usuarios de este bróker, es que para dar inicio y tener el mejor ritmo para realizar las operaciones en esta plataforma el camino es un poco largo, no obstante es un asunto que podría quedar resuelto con el hecho de contar con una plataforma educativa bastante interesante y completamente útil para los inversores en cualquier nivel que se encuentre respecto a este negocio.

E-Toro

Este bróker cuenta con buena fortuna de tener las mejores recomendaciones por parte de los usuarios, que han utilizado esta plataforma como el bróker de su preferencia, en primer lugar la solidez principal se la otorga el hecho de contar con la regulación de los entes internacionales más importantes en materia de seguridad financiera, es decir no solo está regulado por la FCA que como ya mencioné pertenece al Reino Unido, sino que cuenta de igual forma con la regulación por parte de la CySEC.

Sin embargo no queda ahí, en España también es regulada esta plataforma por organismos como la CNMV, que vendría a ser la comisión nacional del mercado de valores de este país europeo. E-Toro es considerada una de las plataformas de trading más sencillas que se encuentran en el mercado, por lo que resulta una de las más recomendadas a la hora de ingresar en el mundo del comercio de acciones.

Características de E-Toro

Una de las principales características de este bróker es la facilidad y accesibilidad de la misma, al igual que en el caso anterior e Toro cuenta con la genialidad de ser un bróker que ofrece trading social, por lo que igualmente puedes aprender de los negocios que hacen otros inversores más experimentados, su diseño mejorado e intuitivo es realmente amigable con los nuevos inversores, y además cuentas con la posibilidad de abrir una cuenta demo completamente gratis.

Ventajas de E-Toro

De las cosas que podemos destacar como importantes ventajas de este tipo de plataforma, desde luego que debe ser el prestigio con el que cuenta, prestigio que surge debido a varios factores, en primer lugar la seguridad que ofrece, debido a las regulaciones que acabo de mencionar, por otro lado es una plataforma que cuenta con un aproximado de ocho millones de usuarios, lo que eleva aún más el nivel de confianza.

Otro factor que es una gran ventaja es lo fácil que resulta el uso de esta plataforma, sin duda una de las razones que lo convierte en sumamente atractivo en el caso de los nuevos usuarios con poca experiencia, las tarifas al igual que los spreads son justos o al menos razonable desde la perspectiva del mayor número de usuarios.

Desventajas de E-Toro

En relación a las desventajas que puede representar esta plataforma no habría más que las limitantes propias del negocio sin importar la plataforma que esté utilizando, no obstante el hecho de operar solo con dólares puede resultar unas de las pocas y notables desventajas, es importante señalar que sí permite el pago en otro tipo de divisas (5 divisas distinta entre las que resalta el euro) al hacer la conversión de dicha divisa a dólar habrá un cobro de comisión por esta operación.

Avatrade

Reconocida como una de las plataformas bróker de mayor crecimiento del año 2019, esto no de casualidad, en realidad sus resultados han sido muy atractivos entre otras cosas por la garantía y seguridad de la misma, es que esta es la principal característica por la que muchos usuarios eligen un bróker, todos quieren tener la seguridad de no perder su inversión, que en el caso de algunos puede representar todos sus ahorros.

A diferencia de las demás plataformas esta cuenta con el valor agregado de ser avalado por el banco nacional de Irlanda, sin dejar de lado que cuenta igualmente con la regulación de la ya conocida FCA y CNMB de España.

Características de Avatrade

Uno de los aspectos que caracteriza esta plataforma se trata de la gran cantidad de opciones que da para invertir, puede ser directamente el usuario por medio de los activos que ofrece, o a través de las variadas opciones de copytrading que el bróker incluye, por otro lado cuenta con la posibilidad de operar en distintas divisas, de hecho esto es lo que determinara la cantidad mínima de inversión que debes hacer al utilizar esta plataforma como tu bróker para negociar acciones.

Ventajas de Avatrade

La confiabilidad en la plataforma es una de las principales ventajas que ofrece este bróker, además de la facilidad de pago que ofrece como PayPal, tarjetas de crédito o transferencias bancarias, y por último se destaca la cantidad de operaciones que permite llevar a cabo de manera individual o en modo copia.

Desventajas de Avatrade

Dentro de los aspectos que se puede presentar como negativos, solo resalta lo tardío que suelen ser los retiros del dinero, estos pueden tardar varios días hábiles, pero en regla general los resultados positivos de esta plataforma pueden echar de lado esta situación.

24 Option

Una de las plataformas reconocidas como expertas en el mercado de acciones es esta, cuenta con la virtud al igual que las del resto de la lista, de ser regulada por los organismos más importantes en esta materia, su apariencia elegante la hace muy atractiva y amigable con el ojo de los nuevos usuarios, y cuenta con la particularidad de ser fácil su manejo.

Ofrece gran oportunidad de negociación debido al alto número de productos financieros que ofrece, entre los que destaca ser uno de los bróker más experimentado en CFDs.

Características de 24 option

Uno de los aspectos que resulta más interesante de esta plataforma, es que funciona 100% a través de la web, por lo tanto para trabajar con ella no requieres descargar ningún tipo de software para poder desempeñar los trabajos de inversión, solo requieres de un registro para comenzar a disfrutar de todas las operaciones que te ofrece este bróker on line, además no es para nada una limitante si quieres manejar tus operaciones desde el teléfono celular, ya que el diseño te permite perfectamente llevar a cabo tus acciones financieras desde los sistemas operativos más importante del mercado como son el Iphone o Android, y para poder iniciar las operaciones necesitarás un mínimo de 250 dólares.

Ventajas de 24 option

Como ventaja se destaca justamente la garantía que ofrece por estar regulada correctamente por las entidades correspondiente a nivel internacional, esto deja sin efecto algunos de los rumores que han corrido de forma indiscriminada sobre esta plataforma, acerca de las duda de si se trata de una plataforma segura o se trata de una estafa, lo elegante de su interfaz resulta igualmente algo en extremo agradable para muchos, de manera que se puede tomar como un plus que le da ventaja sobre otras plataformas, y por último la cantidad de productos financieros que ofrece.

En relación a las desventajas que presenta esta plataforma resalta solo un punto importante y es que no aceptan transacciones a través de PayPal. Estas son los principales bróker en el mercado de acciones, de hecho son las que he querido recomendarte para brindarte la seguridad de hacer un trabajo que sea lo más seguro posible, sin duda que hay muchas plataformas además de las que acabo de mencionar, puedes investigar más sobre ellas, no obstante lo que tienes en este capítulo resulta suficiente para que inicies de manera segura en este mundo tan atractivo.

Quiero dejar claro una cosa, no se trata de enseñar que estos bróker son infalible, nada es completamente perfecto, algo podría fallar, sin embargo no es el común denominador, digo esto en el mismo sentido como la posibilidad que el corazón de alguien pueda fallar en algún momento, pero en términos de seguridad puedes contar con la garanta que al tomar una de estas plataformas estás en manos confiables.

En resumen, te he ayudado a despejar en este capítulo cualquier duda que hayas podido tener respecto a esta figura del mundo financiero, ha quedado claro la dirección que en otro tiempo pudo tener este término, y como la figura de bróker ha evolucionado hasta el punto en el que nos encontramos en este momento.

Sobre todo es importante que recuerdes las entidades reguladoras de este mercado y te he dejado las principales, pero sobre todo los bróker más importante de la actualidad en el mercado financiero, que en su mayoría son regulados por al menos uno de estos organismos.

5

PASOS PARA INGRESAR EN EL COMERCIO DE ACCIONES, LA GUÍA DEFINITIVA PARA PRINCIPIANTES

Invertir debe ser una actividad básica para cualquier persona que piense en su crecimiento económico. Lamentablemente son pocas las que verdaderamente le dedica tiempo a esta tarea. Para ello debemos enfocarnos en tres puntos fundamentales:

- El dinero que ganamos
- El dinero que ahorramos
- El dinero que invertimos

Estos tres puntos forman el trípode fundamental para nuestra consolidación económica, sin embargo, el punto más importante es el de la inversión. ¿En que invertimos nuestro dinero?

El comercio de acciones ha demostrado ser una de las mejores herramientas de aquellos que quieren dar ese paso tan importante, que se puede convertir en la posibilidad de dar el cambio definitivo y para siempre a su vida financiera.

Es que invertir en acciones no se trata de un pasatiempo con el que alguien se va a divertir un rato, sino que tomando este oficio con el respeto que realmente merece podemos asegurarnos de abrir la puerta a una verdadera profesión, ¿pero cómo lo hago? Siempre el punto de partida suele ser el más difícil.

Este capítulo es el compendio de los pasos que te van a llevar a organizar de forma sistemática cada uno de los pasos que debes tomar en cuenta, para llegar a convertirte en un verdadero experto en el mundo del comercio de acciones. Lo primero que debemos hacer para ingresar en este universo de oportunidades es evaluar qué es verdad y qué es falso de todo lo que se dice sobre esto, por ello vamos a ver inicialmente cuáles son los mitos que han surgido en torno al comercio de acciones para tener el camino allanado al momento de iniciar.

Necesitas mucho dinero para invertir en acciones

Un gran número de personas que se interesan por el mundo del comercio de acciones terminan por rendirse, esto porque pueden llegar a convencerse que para lograrlo y tener éxito requieren de sumas elevadas de dinero, la verdad es que todo esto no es más que una falsa creencia, la realidad es otra. Todo aquel que quiera hacer vida en el mercado de valores puede hacerlo, ya que los requerimientos son muy bajos. También tú puedes ahorrar e invertir en este mercado, como lo hacen millones de personas en el mundo entero.

La mayoría de las plataformas bróker de la actualidad te permiten entrar en el negocio con poca inversión, encuentras desde el bróker que no te exige ningún capital y de hecho de obsequian algo para que inicies, de igual manera vas a encontrar algunos en los que puedes iniciar con capitales que van desde los 100 dólares hasta 10000.

Por supuesto que los niveles de ganancia estarán determinados por la inversión que hagas, de manera que si la inversión es baja lo mismo dará tus ganancias, pero con una proyección a futuro puedes hacer que este capital se convierta en una suma considerable, sobre cómo hacer inversiones seguras y minimizar el riesgo te hablaré en el siguiente capítulo.

Necesitas ser un profesional universitario

Uno de los errores más frecuentes es creer que la inversión en acciones es una actividad exclusiva de personas que tienen altos grados universitarios en economía, administración y carreras afines, sin duda que este mundo requiere de una buena preparación y seria genial que tengas altos conocimientos a niveles académicos en esta rama.

Sin embargo esto no deja de ser mito, ya que muchos de los más grandes accionistas de la modernidad, se han formado en las escuelas independientes que se han ido creando como consecuencia del auge que ha tenido este negocio los últimos años, algunos incluso lo han hecho basados en el puro empirismo y experiencia en la acción (no es mi recomendación). Desde luego que siempre hay que estudiar, pero no se trata de tener los más grandes honores de Harvard lo que te dará el éxito, será tu determinación de lograr tu meta y hacer realidad tu sueño de convertirte en un gran trader moderno.

Para obtener mayor ganancias debes asumir mayores riesgos

Este es uno de los mitos más recurrentes y a la vez más peligroso, y lo digo porque puede ser una verdad a medias. Puede resultar que esta creencia sea cierta dependiendo desde que ángulo lo veamos, por ejemplo, una acción puede ser que tenga un nivel más alto de riesgo si se compara con un depósito bancario, pero cuando la comparación la hacemos con estrategia de inversión en acciones la mayor rentabilidad se encuentran en las acciones.

Solo quiero tener estas ideas a manera de referencia, mitos abundan por ejemplo: "si quieres ganar compra cuando todos venden, debes siempre caminar delante de los demás trader" y así la lista puede llegar a extenderse en gran manera, no obstante para cubrir todos estos mitos y trabajar de manera segura lo he preparado en el capítulo siguiente, no te detengas ¡avancemos!

Cómo iniciar en el comercio de acciones

Los primeros pasos son los que deben determinar el rumbo de una nueva negociación, y estos deben ser desde luego pasos que sean cortos pero que mantengan la solides de ser un camino seguro a la medida que dichos pasos se den de la manera adecuada.

Lamentablemente el principio del camino y sus corto y cuidadoso andar suelen ser considerados como poco importante, sin detenerse un momento a pensar que los edificios más sólidos tienen su fortaleza en unas bases sólidas, por lo tanto no hay necesidad de querer abarcar demasiado, lo que es realmente importante es comenzar por los detalles.

¿Qué debemos saber?

Conocer el mercado a cabalidad

Lo primero que debemos tratar de descifrar es lo siguiente, ¿Qué es el mercado de valores? No se trata de otra cosa que un mercado en el cual se negocian una serie importante de productos de carácter financieros, dentro de los cuales se encuentra el producto que estamos analizando en este momento como es el caso de las acciones.

Como ya sabemos una acción lleva un enfoque a un título que representa la posesión de una partícula de la empresa representada en el porcentaje del capital que estoy aportando a la empresa con la compra de dicho capital, difiere en relación al resto de los productos financieros fundamentalmente por la naturaleza de sus productos y operaciones, por ejemplo el forex es el intercambio de divisas. De esa manera cada una de las figuras comerciales que realizan sus actividades por medio de la bolsa de valores tiene una característica diferente.

Al igual que la gran mayoría de los mercados este se basa en un principio fundamental, es decir la ley de la oferta y la demanda, si una acción posee una alta solicitud de demanda, sin duda que su precio tendrá una tendencia al alza, pero al contrario si la demanda baja, lógicamente habrá más vendedores que compradores en el mercado.

Vamos a ver los tres puntos fundamentales que necesitas saber y que desde luego considero que son los necesarios para dar inicio a este mundo de negocios.

Punto # 1: La bolsa es un mercado de riesgo y puedes ganar o perder

Debes estar atento en que inviertes, Es necesario que conozcamos la razón por la cual queremos entrar en el mundo de las acciones, es decir, nuestros objetivos de inversión, ya que de lo contrario estaremos a la deriva a la hora de tomar decisiones sobre comprar y vender.

Enfoca la mirada en las maneras seguras, en los posibles riesgos, aprende antes de dar el primer paso, evalúa todos lo necesario sobre un escenario lo más seguro posible para tu capital.

Punto # 2: No existe un método milagroso

Ten cuidado con consejos garantizado sobre el mercado de acciones, ya que esto no existe, sobre todo presta especial atención sobre aquella publicidad fantástica en la que alguna plataforma te ofrece 1500 dólares y un viaje a Dubái con todos los gastos pagos solo si te descargas la interfaz, en este sentido ya tienes un paso adelante con lo que hemos visto el capítulo anterior, sin embargo como no somos infalibles eso creó la necesidad de recordártelo.

Punto # 3: Estudia de forma incansable

Dije que no necesitas ser un universitario, pero jamás dije que no debes ser un profesional, desde luego que para empezar en el negocio no necesitas serlo, pero la idea es que en le proceso te conviertas en un gran profesional de este mercado, por lo tanto debes ser un estudiante asiduo de este negocio, estudiar cada vez más por los medios que sea, puedes apuntarte a un curso, muchas plataformas tienen excelentes escuelas en las ciudades donde operan sus oficinas, de manera que si estás en una de estas ciudades procura de manera inmediata ponerte en contacto con los agentes de dicha empresa, y solicita información sobre las distintas escuela.

Analizar y ordenar tus finanzas:

Debes analizar racionalmente cuánto dinero disponible tienes para ahorrar en un plan mensual y qué parte de tus ahorros puedas invertir. Tener una mente ahorradora y la disciplina, es este caso, es fundamental para la consecución de los objetivos propuestos.

Recuerda una cosa, no es necesario iniciar con una suma grande. Está bien empezar ahorrando un cierto porcentaje de lo que ganas al mes (entre más, mejor) y mantener esta estrategia por un largo plazo. A medida que acumules capital, podrás decidir las características de lo que será tus compañeros de inversión, a saber tu bróker, el tipo de acciones en el que quieres trabajar y desde luego tú equipo de sistema adecuado para tus objetivos.

Conocer y adoptar una estrategia de inversión

La panificación es vital, jamás sería una acción prudente pensar que el solo iniciar sin un plan establecido será suficiente para llevar a cabo este objetivo es imprescindible que busque la asesoría de los expertos en este sentido de manera que te puedan dar la orientación necesaria para ejercer las acciones más inteligentes, para ello puedes contar con la asesoría de entidades bancarias, o corredores de bolsas con una muy ata experiencia en esta materia,

Estos además te podrán asesorar a fin de poder colocar tu dinero en las mejores inversiones, evaluando desde luego las prioridades que dentro del mercado te hayas trazado, situaciones como: el tipo de acción que deseas, el tiempo de retribución entre otros.

Elegir un bróker a tus medidas

Esta tarea te la hemos dejado extremadamente fácil, ya que en el capítulo anterior te dejé una información muy detallada sobre esto, la tarea que te queda con el tema de los bróker seria análogo con la de ir a comprarte unos tenis, es decir, debes evaluar cuál es la que se ajusta a tu medida, cuál posee todo los requerimientos para los propósitos particulares que te hayas trazados como objetivo.

El resto es evaluar que este bróker este regulado por los organismos internacionales pertinentes, que cuente con una trayectoria solidad y la recomendación de un buen número de usuario, el resto solo queda a la merced de tu propio criterio.

Definir la inversión mínima y nuestro tamaño de la operación

Aprende esta premisa, mientras más presupuesto poseas para invertir es posible conseguir mejores condiciones, debes invertir un dinero del que no dependas en el corto plazo. Pero la regla número uno es que nunca, en ninguna circunstancia debes endeudarse para llevar a cabo tus inversiones, sin embargo por extraño que parezca el tamaño de la inversión que se vaya a realizar puede tener un margen de garantía si lo basamos en la edad del inversor.

Cuando se trata de un inversionista que se encuentra en las edades comprendidas entre 20 y 45 años lo que todos los expertos opinan es que debe contar con un portafolio divido de la siguiente manera, 80% deber ser solo de renta variable mientras que el 20% debe ir dedicado a lo que sería renta fija. Si por el contrario nos enfocamos en personas de edades más avanzadas por ejemplo entre 45 y 60 años, le portafolio debería contar con una composición que resulte un tanto más conservadora, es decir que no pase la barrera del 50% de la inversión puesta en instrumentos de renta variable.

Compra tu primera acción

Tras la evaluación de cada uno de los pasos iniciales, es momento de comenzar a ejerces cada principio de los que hemos aprendido, ha llegado la hora de dar el paso que marcará el inicio de tu carrera en el mercado de acciones, recuerda no saltarte ningún paso, cada uno de los que está descrito aquí tiene como objetivo que la compra de acciones seguras y que dicha compra resulte un acto confiable.

Te he dejado una lista de lineamientos que debe considerar toda persona que carezca de experiencia para invertir en bolsa de valores, específicamente en el mundo del mercado de acciones, debes perder cualquier miedo y brindarte a ti mismo la oportunidad de entrar en uno de los mercados más rentables y sobre todos accesibles que existe en el mundo de los negocios web, lo necesario es acceso a internet, algo de dirección pero sobre todo determinación.

6

INVERSIONES A BAJO RIESGO

Si de algo podemos estar seguros en la vida es que no hay nada que no implique un riesgo, el simple hecho de nacer es un riesgo, de hecho una de las cosas más riesgosas que existen. El mundo de los negocios desde luego que también cuenta con esta realidad. En el plano que decidas hacer negocios siempre habrá un margen de posibilidades que algo se salga de las manos, y por supuesto el mundo de los negocios financieros es exactamente igual.

Lo cierto es que siempre contamos con la posibilidad de minimizar el nivel de riesgos, nunca será un margen de 0%, pero aplicando algunos principios en primer lugar principios universales, se puede disminuir significativamente los riesgos del negocio, pero luego de estos principios universales es importante evaluar algunos principios directos al negocio de comercio de acciones, que tras su aplicación estamos hablando que tu dinero cuenta con la garantía de trabajar en pos de tu libertad financiera y no lo contrario.

Este capítulo camina en esa dirección, vamos a ver los principios básicos para hacer negocios, y de igual forma las acciones correctas que se deben tomar en el marco de este negocio.

Disminuye los riesgos diversificando la inversión

Este es un principio que debe marcar cualquier renglón del mundo financiero, sobre todo en el caso de quien se está iniciando dentro del negocio, si todo tu dinero lo mantienes en una sola entidad bancaria, sería lanzar las apuestas muy alta, estás poniendo en las manos de dicha entidad el futuro de tus finanzas, por este motivo lo recomendable siempre ha de ser que varíes en relación a tu inversión,

En el mismo orden de ideas, la ecuación es exactamente aplicable al mundo del negocio de acciones, sobre todo en el caso que nos ocupa en este momento, y es sin duda la poca experiencia. Desde luego que como hemos vistos hay que hacer un buen estudio sobre la empresa en la que tenemos pensado invertir, y por supuesto siempre apostando a que esta empresa triunfe en los objetivos que se ha trazado, lo cual se traduce en beneficios tanto para la empresa como para ti, pero ¿Qué sucedería en caso que cualquier situación sobrevenida lleve la empresa por el rumbo no deseado?

Esto indudablemente se traduce en poner en riesgo todo tu dinero, por esto lo recomendable es que diversifiques tu inversión, no apuestes al éxito de una sola empresa porque algo puede suceder y la intensión es que mantengas la mayor seguridad posible de que tu futuro financiero está a salvo.

Para esto quiero darte una serie de consejos que van a ser de completa utilidad a la hora de adquirir las acciones en las que piensas invertir.

Consejo # 1: Enfócate en el sector

Uno de los principales errores que se puede cometer a la hora de invertir es suponer que si las empresas está cotizando en bolsa es una garantía de éxito, insisto siempre existe el riesgo, ni siquiera en la empresa, sino en el sector que piensa hacer la inversión.

Lo bueno del mercado de acciones es que cuentas con una enorme variedad de sectores en los que puedes invertir, recuerda que puedes enfocarte en la salud, el turismo, la minería, y así sucesivamente, todo cuanto necesitas descubrir es cuáles son los sectores que están reaccionando de manera positiva en el momento de inversión, para graficarlo de alguna manera, imagina que el mundo descubra la mejor alternativa para la salud ambiental en el uso de combustible no fósiles y surge la alternativa tan esperada para competir contra la gasolina o los combustibles del petróleo derivados del petróleo ¿será buena idea invertir en empresas petroleras?

Creo que la respuesta a la interrogantes está clara no sería una inversión inteligente, de manera que antes de pensar en la empresa, piensa en el sector de la inversión y el comportamiento que está teniendo en el mercado mundial.

Consejo # 2: Analiza la empresa

Una vez que se haya establecido los sectores en los que vas invertir ahora si es momento de voltear la mirada hacia las empresas, lo mismo que es importante no apostar a un solo sector, no lo hagas a una sola empresa, diversifica de igual forma el sector y la empresa en el que vas a invertir.

En este sentido hay dos aspectos a evaluar de la

empresa en la que vas a confiar tu capital, lo primero es el análisis fundamental: en este paso debes evaluar aspectos como los resultados que ha tenido la empresa en el mercado, y por otro lado debes verificar los activos del mismo.

Una evaluación de activos requiere la observación de elementos particulares tales como el "PER" (Price Earnings Ratio) esto en castellano sería el equivalente al "precio –beneficio de la acción", determinar la posición porcentual del precio de la acción habría que valorar el PER es decir un PER alto es que la acción está cara, mientras que si este se encuentra bajo la acción da el mismo resultado.

Lo que puede indicar dentro de este negocio un PER alto es que muchos inversionistas están dispuestos a pagar más por la acción, esto se puede traducir en una oportunidad ya que una de las maneras de obtener ganancias puede ser vender acciones en estas circunstancias, el caso del PER bajo sería el indicador contrario a lo que acabo de explicar, pues muchos inversionistas dudan que los beneficios de la empresas crezcan en el futuro próximo de la inversión.

Otro de los factores que es importante evaluar además del PER seria el ROE (Return Of Equity), el

ROE se trata de los indicadores de rentabilidad de la empresa en base a sus recursos, lo que refleja este indicador es los beneficios que aporta en los fondos de la sociedad el rendimiento que es arrojado por las unidades económicas propias de la empresa, sin que sea relevante desde luego la precedencia de dicho recurso, es decir se miden en base a los recursos aportado por los accionistas y los mismos que aportó la empresa.

Lo último que debes estudiar en este sentido es el beneficio que la empresa arroja por acción (BPA), de esta manera podrás determinar si hacer una inversión en ciertas acciones son mejor que otra y desde luego el análisis de cada uno de estos factores te servirá para para saber si cierta empresa es más rentable y más segura, medida con la que será posible que tus decisiones de inversión sean más seguras.

Por otro lado está el análisis técnico, lo que debes hacer es evaluar las tendencias de alta y baja de las acciones en las que pretendes hacer inversión, para poder hacer este análisis hay que desarrollar la comprensión de las gráficas, pero sentido general la evaluación es que si la cotización de la empresa tiene una tendencia constante a la alza, está invitando a la compra, en el caso contrario lo mejor será seguir en busca de mejores opciones.

Consejo # 3: Observa con atención la acción de otros inversores

Es el gran beneficio de algunas de los bróker más importante, la posibilidad de realizar acciones de los inversionistas más experimentados, antes de invertir observa bien si otros apuestan a esas acciones, de hecho puedes establecer comunicación con ellos para evaluar juntos lo productivo o no de algún movimiento, siempre dos serán mejor que uno, así que si un principio es importante y más en este negocio, es apoyarte en los que ya llevan un buen recorrido en este camino.

Presta atención a las comisiones

Ten un especial cuidado de este asunto, la realidad suele ser que un gran número de personas que ingresa en este tipo de negocio uno de los primeros errores suele ser este, es que si no prestas atención al tema de las comisiones, y los gastos que se pueden generar por concepto de las inversión, a la larga puede convertirse en un verdadero dolor de cabeza, por ello no puedes dejar que se te escape ningún detalle.

Todas las órdenes que se emiten por los inversores pueden llegar a producir varios tipos de comisiones, por lo tanto es importante que mantengas una noción lo más claro posible de los distintos tipos de comisiones.

Comisión por compra-venta

Esta es la comisión nuero uno que generan todos los bróker por servir de intermediarios en las operaciones financieras, la manera en que funciones es que el inversionista o trader decide que acción va a comprar (en el caso del mercado de acciones, pero de igual forma es aplicable a cualquier producto financiero), y el bróker se encarga de realizar la compra, y desde luego por esta acción se lleva su ganancia.

Las comisiones pueden variar dependiendo del valor de la compra que vayas a realizar, la manera en que casi todos lo manejan, es bajando los costos de las comisiones a la medida que el valor de la compra sea elevada, pero suele darse los casos en el que la compra puede ser muy baja, para ello entonces se maneja un piso de un coste mínimo por operación.

Comisión de mantenimiento

Esta comisión en casi todos los bróker nuevos esta

eliminada, sin embargo, es en ello que hay que estar muy pendiente de contar con la seguridad de si el bróker que elijas lo aplica o no, este tipo de comisión era una imposición que te hacia el bróker por el derecho de mantener tu cuenta habilitada y además por el privilegio de mantener las acciones depositadas en el mismo, para ello se suele cobrar una cuota fija anual, aunque algunos casos igualmente podía hacerse el cobro mensual incluso quincenal.

Comisiones de custodia

Al igual que en el caso anterior, se trata de una comisión que está eliminado de un gran número de bróker, y el motivo tiene que ver básicamente con la razón de ser de esta comisión, ¡explico! Dado que en otro tiempo los títulos que se adquirían venían en papel físico, el bróker se encargaba de resguardar dicho documento, razón por la que le cobraba un importe al inversionista por hacerles el resguardo del mismo, las razones por las que en este momento no se cobra este importe son más que claras, se trata de un trabajo completamente virtual por lo que no hay nada que resguardar.

Pero a pesar de todo eso siguen habiendo los casos de rezago, so pretexto de la posición de los valores, y en caso de la entrada de nuevos títulos. Puede ejecutar dichos cobros de dos formas particulares, una de ellas es por medio de una tarifa plana, es decir un coste anual sin importar el número de acciones que posea el inversionista, la modalidad de cobro efectivo es un importe que se hace en referencia al valor de la acción y la operación particular.

Comisiones del canon de bolsa

Esta comisión está fijada de manera general por todas las bolsas del mercado, sin importar el bróker con el que hayas decidido trabajar esta tarifa estará impuesta en el mercado, esta comisión se trata de una tarifa única impuesta por los distintos mercado al igual que las bolsas a todos los inversores.

Esto no es una comisión del bróker como tal, no obstantes algunos bróker lo tiene incluido dentro de sus comisiones, así que es importante que observes bien si el bróker que decidas para trabajar, ya ha incluido esta comisión, pero más aún en el caso de que tu operación sea de bajo costos (lo que debe ser normal en el caso de los aprendices) en estas circunstancias se hace muy importante que te asegures que este importe esté incluido en las tarifas del bróker, de lo contrario puedes estar condenando tu trabajo a tarifas excesivas y desde luego ganancias reducidas.

Comisiones por cambios de divisas

Este tipo de comisiones suelen aparecer en aquellos casos en los que hagas operaciones fuera de la zona en la que estás trabajando, y el cobro de las divisas hecha por el bróker sean en monedas distintas, por ejemplo en el caso de aquellos trader que se encuentren en cualquier país de la zona europea, pero haga su inversión en bróker cuya operación está reflejada en otra divisa que no sea el euro, es muy seguro que deberá enfrentarse a este impuesto.

Comisión por cobro de dividendos

En la mayoría de los bróker modernos esta comisión no existe, se trata de una comisión impuesta sobre el pago de los dividendos que reciba el trader, a pesar de no ser muy común hay que tener un especial cuidado en el número de dividendos que algunas empresas acostumbran pagar en un año, por ejemplo existen empresas que acostumbran pagar cuatro dividendos por años, por lo tanto debes calcular que serán cuatro pagos de dicha comisión cada año.

Comisiones por cabio de bróker

Esta comisión se da en el caso de aquel trader que decide hacer cambio de las acciones de un bróker a otro, la causa por la cual el trader decida abandonar la plataforma no es algo que sea relevante para considerar el valor de la operación, sencillamente cada bróker maneja el costo (que de hecho casi siempre son costos muy altos), sin embargo, este tipo de impuestos suele verse amortiguado porque algunos bróker tienen como política hacer un obsequio para los trader que llegue migrando hacia sus plataformas, de manera que se compensa un poco la perdida en la plataforma anterior.

Ahora has visto cada uno de los distintos tipos de comisiones, pero sobre todo es fácil poder entender la magnitud de lo que puede representar para tu inversión un descuido en esta dirección, si la intensión es minimizar el riesgo a la hora de invertir, pon tu ojo aquí. Recuerda que cada bróker tiene su propia característica, de manera que no te vayas a dejar llevar por una información genérica sobre este asunto, debes procurar la mayor objetividad de toda la información a la que accedas.

¿Existen bróker que no cobren comisiones?

La respuesta a esta interrogante a muchos les genera cierta desconfianza, pero la respuesta es que en teoría sí, algunas plataformas, sin embargo esto no debe restar confianza no hay ninguna trampa, solo algunas estrategias que dichas plataformas aplican para obtener buenos resultados en sus ganancias sin hacer uso excesivo de las comisiones que por lo general encuentra en los bróker más conservadores.

En términos generales lo que sucede en estos casos es que los bróker sacan mayor provecho directamente de los spread, aplicando una operación realmente mínima a la operativa.

Pon tu mirada en el largo plazo

Observa lo siguiente, este es un negocio que debe tomarse en serio, la simple idea de querer entrar en este camino por alguna especie de crisis particular, bien sea emocional o económica no te dará buenos resultados, ya he dejado claro que siempre existe la posibilidad de perder, de manera que debes estar de alguna manera sólido para seguir intentando y aprendiendo.

No se triunfa en el mercado de acciones trabajando bajo la desesperación de percibir ganancias al segundo día, debes esforzarte, debes tener la determinación de triunfar, por lo tanto debes tener la paciencia para mirar este negocio con una visión de futuro, sin prisas, ¿Qué tal si te doy algunas de las principales razones para invertir enfocado más a largo plazo que en períodos cortos?

Menos impuestos y menos comisiones

Como es normal cuando inviertes a corto plazo sabes que debes hacer muchas operaciones, y que muchas de esas operaciones implican pago de comisiones, pero no solo eso, quizás obtienes muchos beneficios, pero estos acarrean más impuestos, considera con mucha atención que si no le das la importancia a este tipo de cosas es posible que a la larga te encuentres con número más negativos que positivos en tus contabilidad personal.

Se disminuyen significativamente los errores

La verdad es que mientras más operaciones te mantengas realizando, más probabilidades de cometer errores habrán, y alguien puede pensar "una sola inversión puede suponer un solo gran error", tiene sentido, sin embargo hay que considerar que en las operaciones puede ir incluido algún tipo de emociones y estas emociones pueden sumar o restar efectividad a la operación.

Por consiguiente no es lo mismo una operación bien pensada, calculada, objetiva y con mente fría, que varias operaciones con una buena variedad de emociones en cada una de las distintas emociones que pueden estar influyendo en la operación: sentimientos, voces externas, avaricia y pare usted de contar la cantidad de situaciones emocionales que pueden influir en cada una de esas operaciones, por lo tanto la mejor opción siempre va a ser hacer inversiones a largo plazo.

Invertir a largo plazo te permite corregir alguna mala entrada

No existe un momento perfecto de entrada, si notas que el mercado está en bajada muy continua, da miedo invertir porque temes que pueda seguir bajando, pero si se mantiene en subida deseas ingresar igualmente con el temor que termine la racha, por lo tanto la entrada siempre tiene que estar basada en valores de una evaluación objetiva en relación más a resultados (a largo plazo) que el comportamiento inmediato del mercado, en todo caso siempre contarás con la posibilidad de hacer los ajustes necesarios de darse la situación de haber entrado en un momento no tan favorable.

Recibes más dividendos e intereses

He aquí otra de las desventajas de estar constantemente entrando y saliendo del mercado, cuando crees ganar tiempo en realidad estás perdiendo, mientras estás a la espera del momento oportuno de ingresar en el mercado, no percibirás ningunos de los dividendos, y mucho menos los intereses generados por los títulos de deudas que se hayan otorgado en este período de tiempo.

Mientras tanto en el caso de la inversión a largo plazo no vas a perder ninguno de estos beneficios además de la reinversión de cada uno de ellos.

Invertir a largo plazo es muy sencillo

En definitiva esta viene a ser una de las razones más favorables y de gran peso en cada una de las razones que te he dado, entre tanto que te conviertes en un experto en el negocio del comercio de acciones, hacer las jugadas más fáciles resulta la opción más sensata, solo es necesario que te plantees algunos objetivos, estableces la estrategia a seguir, claro que esta estrategia trae implícita la creación de una cartera diversificada.

Ante todo esto que hemos evaluado queda una sola conclusión a la que podemos llegar, invertir a largo plazo es la posibilidad de hacer una inversión a muy bajo riesgo, pero que además implica menor trabajo, en consecuencia menor esfuerzo.

Cuidado con tus emociones

Es un verdadero peligro permitir que las emociones tome control sobre las decisiones que puedas tomar en este negocio, los sentimientos son el primer enemigo de una persona que entre en este negocio, justo estas son las que lo llevan a tomar las más exageradas y erróneas decisiones.

Toda decisión que vayas a tomar en esta dirección debe estar sujeta a un análisis y estudios objetivos. Pero vamos a dar una paso más largo es todo esto, déjame mostrarte las diferentes emociones que suelen ser las que más influencia puede ejercer a la hora de hacer tus inversiones y cómo trabajar sobre ellas a fin de evitar el peligro de caer en sus influencias.

Ten cuidado con el miedo

Y solo digo que tengas cuidado dado que el miedo no necesariamente tiene que ser algo malo, el miedo puede llegar a ser tu arma de defensa contra los peligros de hacer mal las cosas, de modo que el miedo en sí mismo no está mal, no obstante, si le das cabida a esta emoción al puntos que llegue a paralizarte, ya se ha convertido en un peligro.

Si estás muy concentrado en el temor de no perder tu dinero, posiblemente puedas cometer algunas imprudencias, una de las más comunes es aquel que ante un rebote suele entrar en pánico, al punto que es capaz de cerrar alguna operación cuando en realidad no debía hacerlo.

Aparta la codicia de tu jugada

Este si es un sentimiento que debes luchar a toda costa por dejar fuera de tus operaciones, el inversor que solo quiere ganar y ganar, y cada vez que eso se multiplique a más, solo trae los resultados más dolorosos. Por ello insisto debes manejar tus jugadas de manera calmada, de forma pausada y consciente.

La euforia no es tan buena como parece

Sobre todo en los particulares momentos en los que hayas tenido algún buen resultado, esos momentos en que los pronósticos se dieron tal como lo esperaba, no dejes que ese estado de ánimo que es el reflejo del gozo que puede generar "la buena racha", te lleve a ejercer acciones precipitadas que luego debas lamentar.

La tristeza es mal ingrediente en las acciones

Lamentablemente nuestra sociedad está enseñada a subir la motivación gastando, cuando una persona está triste suele ir justamente a los lugares que por naturaleza suelen ser lugares donde se gasta dinero, centro comerciales, cine, etc., la distracción número uno en el contexto de la generación de este siglo suele ser gastar, este sentimiento puede activar esas áreas y llevar a que hayan acciones no meditadas en el mundo del mercado financiero, lo que se puede traducir en perdida innecesaria de capital.

Cuidado con la envidia

Contra este sentimiento deben tener un especial cuidado sobre todo en los bróker de social trading, incluso puede aparecer disfrazado de buena intención, pero querer tener lo que otro logró es altamente peligroso, sobre todo en los casos donde no se tiene la experiencia que tiene el otro, aprende de lo que ha hecho el experto, pero no anhele lo que él ha logrado, puedes terminar por hacer las cosas de manera incorrecta, crea tu propia carrera, sobre todo siguiendo cada consejo de los que te he expuesto aquí.

Invertir en acciones, pero en término general trabajar con bolsa requiere serenidad, una mente fresca y sin sobre carga, la mejor manera de hacer buenas negociaciones y a su vez minimizar las posibilidades de riesgos, siempre van a requerir una mente equilibrada, por lo tanto antes de cada paso que vayas a dar asegúrate de tomar el tiempo de reflexión que sea necesario para garantizar la menor cantidad de errores posibles.

No te saltes pasos

Así quiero cerrar este capítulo, evaluando el principio de vida más importante en cualquier área, estoy seguro que no empezaste en el sistema educativo a partir de la universidad, sino que debiste pasar por todo un proceso, que te fue llevando paso a paso por todo el proceso que requerías para cumplir con el propósito de convertirte en un profesional.

En este sentido es tan igual y quizás más importante, no puedes tomar como algo trivial lo que puede marcar la diferencia entre tu éxito en la vida y la posibilidad de poner en peligro tus ahorros, tu dinero, que incluso puede ser todo tú capital, por ello creo que no había mejor manera de cerrar este capítulo que con esta recomendación, lleva todo este negocio dando cada paso, no importa que no sea lo rápido que deseas, lo que sí es importante es que sean seguros, estudia todo cuanto puedas, evalúa cada uno de los principios y solo cuando ya hayas logrado esto, es momento de avanzar al siguiente paso.

No hay garantía, claro está, siempre puede haber la posibilidad de que algo se escape de la mano, pero solo sé algo, si cumples con el método que te ha sido dado en medio de todo este capítulo, la posibilidad de que cometas errores innecesarios va a disminuir de manera drástica.

7

INVERSIONES SEGURAS PARA LA DÉCADA DEL 2020

Es el momento de darte la bienvenida oficial al negocio del mercado de acciones, en este capítulo vas a encontrar una valoración de las propuestas más interesantes en materia de inversión para una década, que desde los momentos previos a su inicio maneja una dinámica que merece la pena observar bien, pues en medio de dicha observación podemos hacer conclusiones interesante respecto a las jugadas más importante que debemos dar en este período en particular.

Ya tienes el 90% de todo cuanto resulta necesario para llevar a cabo este negocio, solo requieres de un valor extra que no hay posibilidad de que pueda ser transmitido por un libro, ni un curso ni nada de naturalezas similares, pues todo lo que necesitas para garantizar tu éxito en el mercado de acciones es la experiencia, y se da la particularidad que esa no se adquiere a manera de título, esta se consigue es en el campo de trabajo, en la acción.

Por este motivo el capítulo que nos ocupa en este momento es un capítulo de acción, hacia donde nos dirigimos a partir de este momento, es hacia donde quiero que enfoques tu mirada, esto con el fin de asegurar que vayas con todas las herramientas para llevar a cabo inversiones inteligente.

En este sentido, lo que propongo entre otras cosas es hacer una evaluación del mercado para la década naciente, tienes un margen de diez años con la ventaja de encontrarnos en el nacimiento de dicha década, ¿cuáles son las estimaciones comerciales para este momento puntual? Es momento de descubrirlo.

Una evaluación retrospectiva

Iniciar negocios de acciones en este periodo de la historia en la que estamos encerrados nos obliga a hacer estimaciones necesarias de la dinámica que vamos dejando atrás, para de esta manera hacer una justa proyección hacia el futuro, el periodo comercial de la segunda década del 2000 cerró con algunas características que precisan observarse más de cerca.

El hecho más destacado de este cierre de década (año 2019) fue la tensión comercial entre los dos poderosos de la economía mundial, como es el caso de los Estados Unidos y China, pero en medio de toda esta tensión por parte de estos dos países, y contra todo pronóstico, los mercados bursátiles correspondiente al país norteamericano lograron establecer niveles de record de los precios de los mercados.

Todos los indicadores además de los análisis más importantes del mercado financiero parecen señalar que los años que se avecinan traen elementos muy interesantes para todos los inversionistas de acciones, por este motivo es imprescindible fijar la atención necesaria para sacar el mejor provecho de ese momento coyuntural en el mercado de acciones.

Desde luego que nada está dicho, se requiere un arduo trabajo para poder evaluar las mejores opciones de compra para este periodo, dado que pese a las bondades del comportamiento del mercado de acciones, no se puede tomar con ligereza, se requiere tener una visión en tres direcciones, lo primero es una buena investigación, luego la preparación, para así poder obtener como resultado poder acceder a los productos adecuados dentro del mercado.

En consecuencia a continuación te traigo algunas de las estimaciones más importantes este sentido para que inicies con buen pie.

Mirando hacia el mercado europeo

Este mercado ha estado algo inquieto los últimos años, sabemos y desde luego que no es un secreto para nadie que todo el problema político por el que atravesó el reino unido para el año 2018 en relación a su estatus de país miembro de la unión europea, trajo consigo un movimiento de caída muy fuerte en el tema de los mercados bursátiles, esto al punto que muchos inversores retiraran sus inversiones de este país por la desconfianza que generara todo este proceso en el mercado europeo.

No obstante, esta situación se fue mejorando de manera significativa para el año siguiente, y es así como para finales del 2019 estuvo marcado por el retorno de gran número de inversores en el mercado de la bolsa de valores, desde luego que esta confianza a retornado como consecuencia de las compañías solidas que se han mantenido fortalecidas en medio de toda esta situación.

Veamos algunas de las empresas del contexto europeo que requieren de nuestra atención y que pudieran estar dándonos señales de ser buena opción a la hora de invertir.

Volkswagen una recuperación esperada

El monstruo alemán de tecnología automovilística Volkswagen, es una de las empresas que sufrió un fuerte colapso en la década pasada, tras alcanzar sus picos históricos en el valor de las acciones a mediados del año 2015, el escándalo por haber falseado algunos resultado de emisión por el uso de un combustible engañoso lo llevó al desplome de las acciones con una caída de más del 65% lo que llevó a apartar la mirada por parte de gran número de inversionistas.

Sin embargo la empresa alemana ha venido haciendo grandes esfuerzos por recuperarse de esta situación, y tal parece que todos los indicadores señalan que puede ser una de las mejores opciones para la década entrante.

Los análisis que se han venido realizando en varias escuelas de inversión en torno a este gigante de la industria de automóviles, parecen señalar claramente que las acciones de estas empresas se están elevando de una manera muy atractiva, y que posiblemente esta tendencia se mantenga, los últimos meses de evaluación en esta empresa han demostrado una significativa recuperación, aunque con algunos periodos de estancamientos del valor de las acciones, por lo que se ha mantenido en un valor aproximado de 180 Euros por acción, de acuerdo a la estimación de muchos expertos existe una muy alta probabilidad de que en los próximos años esta empresa pueda llegar a los picos record tal como llegaron en el año 2015.

Entre los aspectos importantes de la empresa de coches alemanes es que está ofertando buenas oportunidades a sus inversores, como medio de motivación a fin de promover la recuperación económica de la empresa, y desde luego captar la confianza de nuevos inversionistas que apuesten al sector, para inicios de esta década la empresa está ofreciendo un total de 4.86 euros de dividendo por cada acción, creo que vale la pena prestar atención al comportamiento de esta compañía a los próximos años.

Nokia promete volver

En la misma línea de los mercados europeos, es recomendable para los años que vienen dar una miradita a este gigante de la telefonía celular, no es un secreto que la supremacía de las empresas chinas y estadounidense del mercado de los Smartphone, habían dejado fuera de juego a esta empresa de celulares que en otros tiempo contó con la supremacía de los mercados de acciones.

Sin embargo a pesar de esos índices negativos la empresa no se rinde y muchos expertos aseguran que vienen mejores años para ella y sin duda que va a entrar nuevamente en el mercado, la tecnología 5G de hecho es la que grita por todas parte el boom en el que posiblemente ingrese esta empresa, ya que solo tres son las que están en la jugada de ella y sabemos que Nokia es una de esas tres, el resto sería Ericsson y Huawey.

Vamos a dar un salto por un momento al mercado de acciones del país norteamericano, qué es lo que este país ofrece en relación a inversión para los próximos años, quiero aclarar que las estimaciones que te he dado se trata del consenso de muchos expertos y los análisis que muchos hemos realizado sobre esto, la ideas es poder brindarte datos basados en el análisis técnico y no en una mera especulación, vamos a dar un vistazo a las inversiones, continuemos nuestra evaluación.

Amazon, el líder en mercados web

Sin duda que esta sigue siendo una de las empresas más sólidas del mercado estadounidense y los resultados que esta empresa ha tenido, aunque han podido ser un tanto difusas no dejan de sorprender dentro del mercado, es que Amazon cuenta con una enorme variedad de productos que demuestra la impresionante capacidad de generar ganancia por parte de le empresa, de manera que cualquier inversionista puede hacer sus inversiones sin problema alguno.

Sin embargo hay elementos importantes de tener en cuenta acerca de esta empresa y es fundamentalmente el tema de los dividendos, pues Amazon no es una empresa que suela hacer pago de dividendos anuales sino que la tendencia de la empresa es incrementar el valor de las acciones, por lo tanto si a la hora de invertir estás en busca de una empresa que te genere dividendos de manera anual, definitivamente Amazon no es la mejor opción para ti, pero si tu proyección es la de hacer inversiones a largo plazo (que es lo que recomiendo, aunque siempre estará sujeto a tus prioridades) la recomendación es concéntrate en Amazon, sin duda puede tu oportunidad.

Bank Of American

De acuerdo a todos los análisis técnicos llevados a cabo por parte de los más grandes expertos en el mundo del trading y el mercado de acciones, concuerdan con la idea que Bank Of American es una de las mejores opciones para invertir en los albores de la nueva década, la compañía ha sido autorizada para incrementar los valores de sus dividendos, razón que resulta muy atractiva para los inversores que esperan resultados a corto plazo.

De hecho las estadísticas de estimación en base los resultados de esta empresa, se ha considerad en el año 2020 al Bank Of American como una de las empresas líderes en este rubro, para finales del año 2019 la empresa contó con un aproximado de 66 millones de clientes, pero solo en el territorio estadounidense, una de las principales razones por las que se ha convertido en una de las más grandes del mercado, se debe a la inversión que el banco tiene sobre un total de 4350 centros comerciales, y la activación cada vez más creciente del servicio de banca a través de la web.

En medio de la crisis económica que se vivió en el sector financiero en el año 2008, esta empresa incurrió en una pérdida de un aproximado de 134 mil millones de dólares, pero no solo esto sino que además por concepto de procedimientos legales este banco se encontró con una pérdida de un aproximado de 64 mil millones de dólares, por lo que para la fecha se vio sumergida en una muy profunda crisis financiera, sin embargo, la recuperación aunque desde la perspectiva de muchos pudo haber sido un tanto lenta, hoy por hoy promete ser una de las empresas más sólida en mercados financieros.

Ha sido gracias a la gestión de Brian Moynihan (Ceo del banco) que se logró reestructurar todo el funcionamiento dando pasos muy modestos pero seguros, y ha convertido esta entidad bancaria norteamericana en una de las opciones de esta nueva década, de hecho de acuerdo a la estimación de muchos especialistas está muy cerca de llegar a su pico histórico que fue de 55 dólares por acción.

Nota: para el momento en que te presento este análisis el valor de la acción ha tenido un aproximado de incremento de un 1,3% los últimos 5 días, la tendencia parece estar enfocada en la alza.

Repsol sigue su desarrollo

Volviendo por un momento a alguna de las empresas más importantes del continente europeo, demos un vistazo a esta trasnacional, que por cierto viene desde hace algún tiempo intentando diversificar el negocio, ¿el propósito? La intensión de los ejecutivos de Repsol es crear nuevas divisiones con un enfoque en el desarrollo de otras líneas de negocio como son los renovables.

Una de las apuestas más grandes de la empresa española es la de convertirse para el año 2050 en la empresa líder de cero emisiones, por lo que para finales del año 2019 presento una plan de des carbonización, y junto a todo esto ha puesto en marcha uno de los planes de reparto de acciones para empleados, los que podrán recibir una porción de la retribución en títulos, todas las acciones tomadas por la empresa y los resultados que las imágenes han demostrado respecto al comportamiento de la misma en el marco del mercado de valores, lo arroja sin duda alguna como una de las empresas más prometedoras para la próxima década.

Estas son las principales empresas con las que puedes comenzar a dar un vistazo a la posibilidad de invertir, pero el número de empresas con características de alza son muchas, solo he querido darte a manera de orientación las más resaltantes e importantes de acuerdo a la estimación de muchos expertos, pero por ejemplo existen muchas oportunidades de inversión en países como china, uno de las más grandes competencias a la que ha debido enfrentarse el mercado estadounidense.

Alibaba es una de esas empresas, el año pasado alcanzó un máximo histórico de 230 dólares por acción, considerando que es una empresa que recién comenzó a cotizar en la bolsa de valores de Hong Kong, sus números resultan realmente impresionantes, Cellnext igualmente fue una de las grandes sorpresas de finales del año 2019, con una duplicación de su valor casi al finalizar el ejercicio, en este sentido, se cree que la tendencia a la alza podría seguir el mismo camino.

Ya para finalizar este capítulo quiero dejar claro una cosa, los datos aquí aportados jamás deben ser considerados como recomendaciones concluyentes, la verdad es que muchos factores inesperados pueden aparecer y cambiar la tendencia, que por muy marcada que esta sea siempre hay una posibilidad de que esto suceda, por lo tanto jamás debe entenderse como una opción sine qua non, lo verdaderamente objetivo en este caso es observar, consultar y tomar una decisión.

8

CONSEJOS FINALES

Todo cuanto necesitas saber sobre el negocio de comercio de acciones lo tienes en este compendio que he dejado listo para ti con la información puntual que necesitas sobre este asunto, sin embargo, tal como te mostré en el capítulo anterior nada está completamente dicho en este negocio así que para cerrar hay ciertos consejos finales que necesitas saber, sobre ello vamos a hablar en este momento.

Invierte en compañías cotizadas

En otro capítulo te di algunas pautas que debes tomar para realzar análisis sobre el mercado, los cuales deben predominar a la hora de hacer evaluaciones para diversificar la inversión, no obstante por el momento (hasta que cuentes con buena experiencia de análisis) te recomiendo que hagas negocios con empresas que se encuentren cotizadas, esto te brinda por lo menos un mayor margen de garantía de comenzar a ver resultados palpables, posiblemente los resultados no sean los más atractivos, pero van a mantenerte dentro del margen del éxito y sin correr muchos riesgos.

En este sentido te he dejado algunas de las más importantes en el capítulo anterior para que te puedas hacer una idea de la dirección en la que estoy hablando, y sé que puede surgir la pregunta ¿por qué no invertir siempre en estas empresas? Es lógico pensar que sí es seguro al principio hacer esto, por qué no hacerlo siempre.

¡Te explico! Las empresas consolidadas y de gran trayectoria ofrecen beneficios muy limitados, aunque no quiere decir esto que estén mal ni que sean todas, pero la oferta de buenos beneficios por lo general lo maneja empresas emergentes, en esto radica el riesgo y el beneficio, en saber aprovechar las oportunidades de este tipo de empresas pero con un análisis adecuado, por ello es que te recomiendo, por lo pronto juega a la "segura" hasta que tengas la capacidad de hacer evaluaciones profundas y te ayude a minimizar el riesgo en tu inversión.

Sácale partido a la cuenta demo

Sobre este aspecto es poco lo que he dicho, las cuentas demos son una gran ventajas antes de iniciar el trabajo de manera oficial, la mayoría de los bróker te ofrecen la posibilidad de acceder a una cuenta demo, con el fin de poder realizar prácticas antes de dar los primeros pasos en este negocio, por lo tanto no dejes de lado esta figura que te ofrecen los bróker, presta la mayor atención a este particular y saca todos los beneficios que te ofrece.

Beneficios de las cuentas demo

Lo primero que hay que entender de este tipo de cuenta es que no se trata de un juego, las cuentas demos son replicas exactamente igual a las cuentas reales, solo que es la oportunidad de poder realizar todas las operaciones con un margen de riesgo absolutamente en 0%, ya que en el caso de esta forma de bróker no requiere de tu dinero para operar, sino que opera con un dinero ficticio aportado por la misma plataforma.

Pero esto no significa que todo sea algo ficticio, de hecho las operaciones que vas a realizar en muchas de las cuentas demos está basada en el comportamiento financiero en tiempo real, solo que tus operaciones no tendrán ningún efecto verdadero en las negociaciones que realices.

Todo esto te llevará a entender de una forma muy práctica el funcionamiento de la plataforma, de manera que al momento de iniciar tus operaciones reales ya estarás preparado para lo que viene.

Otro de los beneficios que te ofrece trabajar inicialmente con los demos es que puedes ir desarrollando tus estrategias de inversión con tiempo, lo importante es que al iniciar tus operaciones ya tengas todo listo para entrar con grandes oportunidades de triunfar en este negocio.

Algunas desventajas

Lo más peligroso del uso de este mecanismo de aprendizaje es la posibilidad de perder el respeto por el oficio, asumamos que ha principio todo marche viento en popa, y te encuentres con una racha en la que todo resulta bien y le da la apariencia de fácil, se corre el peligro de dos cosas: la primera es desarrollar una peligrosa autoconfianza, pero además el peligro de iniciar antes de tiempo y abandonar el aprendizaje.

Por otro lado la triste posibilidad de desarrollar malos hábitos producto del exceso de confianza desarrollado por la demo es otro gran peligro, mientras que se acentúa la realidad que no contará con la posibilidad de ver como actúas en una situación real, ante una inversión de riesgo.

Recomendación

No hagas movimiento en demos mientras tengas la idea "seguridad", debes convencerte del todo que lo que estás poniendo en riesgo es tu dinero, debes sentir el mismo respeto por el dinero virtual tal como lo harías si se tratara de una inversión real. Aprovecha la cuenta demo hasta el límite impuesto por el bróker, no dejes de usarlo entre tanto no se haya agotado el tiempo o no hayas adquirido la experiencia suficiente para poder comenzar a operar solo.

Desarrolla la paciencia

Si algún negocio requiere de tu empeño y paciencia es indudablemente el negocio de la inversión en bolsa de valores, para poder obtener el triunfo que se espera en este tipo de negocios debes juntar un par de ingredientes que son, además de la experiencia que debes ir adquiriendo y poniendo todo tu empeño en lograr, la tenacidad, la constancia, pero sobre todo la paciencia, por eso te mencioné que antes, que entrar en el mundo del mercado de acciones no debe hacerse por crisis económica.

De hecho debes hacer todo el esfuerzo por mantenerte en un estado de paz y tratar de minimizar cualquier sentimiento que te genere excitación, ya que esto puede restarte efectividad al mantener tu concentración puesta en otros asuntos, debes definir exactamente a dónde quieres llegar y justo en eso debes enfocar toda tu concentración.

Sobre la paciencia como medio de lograr objetivos financieros, cuentas con un gran número de ejemplos, uno de los más resaltantes, es el caso de uno de los personajes más icónicos del mundo de las inversiones en bolsa de valores, el señor Warrent Buffett, cuya historia sobre todo de paciencia ha sido motivo de inspiración para muchos.

No obstante alguien puede asegurar que es fácil para un señor que tiene todo el dinero que necesita en el mundo para solucionar cualquier inconveniente, hacer inversiones y sentarse a esperar, pero no siempre fue así, ya que su primera lección la aprendió con apenas 11 años cuando adquirió sus primeros tres títulos que los compró por tan solo 38 dólares, para luego venderlos en muy poco tiempo en 48 dólares.

Quizás fue una gran victoria para la corta mente de aquel niño aquella modestia ganancia, pero la verdadera enseñanza vino cuando se enteró unos años más tarde, que las mismas acciones estaban cotizando por un aproximado de 200 dólares cada una, el aprendizaje no se dejó esperar, de esta experiencia es que surge una de sus más celebres frases "la paciencia paga".

Una de las expresiones más impactante de las que he tenido la virtud de escuchar por parte de este exitoso caballero respecto a la paciencia, surge de una pregunta que una vez le hicieran ¿cuánto tiempo debemos esperar? A lo que este contesto de forma muy segura, "si estamos en el lugar correcto la espera ha de ser indefinida". La enseñanza está clara, si quieres lograr la verdadera independencia económica, si quieres en realidad sacar el mayor provecho a este universo de negocios, debes saber esperar.

CONCLUSIÓN

Superar la barrera entre el "yo quiero y el yo hice" requiere de una sola cosa, la oportunidad, yo conté con esa fortuna y los resultados han hablado por si solos, ingresar en el mundo de las finanzas y sobretodo en este enorme universo de los negocios por medio de la bolsa de valores, ha sido un camino que ha ocasionado todo tipo de sensaciones, creo incluso que puedo describir cada una de las fases por las que se pasa al encontrarnos con la posibilidad de hacer las primeras inversiones, sin la costumbre de no tener el capital en mano y confiar en la experiencia de quienes lo han logrado a través de mecanismos importantes como los bróker.

Lo primero con lo que me encontré fue con excitación, es normal ante lo novedoso, al mejor estilo del niño cuando espera despertar tras la noche de navidad, la emoción que le embarga tras saber que le espera un encuentro con su anhelado regalo. De seguro eso nos pasa a todos los que andamos en la búsqueda del negocio de nuestros sueños, y comprendemos al menos levemente los beneficios de contar con la accesibilidad a este tipo de negocio.

Pero luego tras encontrarte con la realidad de toda la estructura de trabajo de este sistema, y ver que debes dejar tu dinero en manos de un tercero, comienza a surgir una especie de miedo que pone a dudar, una vez superado el miedo es momento de enfrentarte nuevamente a la ansiedad por querer ver resultados cuanto antes, hasta que finalmente entiendes que todo consiste en saber el verdadero secreto de la jugada, "paciencia"

Por este motivo es que he querido brindarte la posibilidad de librarte de algunos de los pasos emocionales que te acabo de describir. Para poder tener éxito en este negocio se requiere un perfecto equilibrio entre todos los aspectos, lo primero es no dejarte influenciar por el temor, pero igualmente debes cuidarte de exceso de confianza, la impaciencia y cualquier otro sentimiento intruso que quiera interferir en los buenos procesos para triunfar.

Por lo demás debes ver con detenimiento cada uno de los aspectos del comercio de acciones, entenderlo a la perfección desde el aspecto técnico es imprescindible, por ello te he dejado un cuidadoso y puntual estudio sobre lo que es este negocio, no obstante me he esforzado por no perder la oportunidad de aclarar cada uno de los detalles realmente importante.

A partir del primer capítulo comienza una visión amplia y detallada sobre lo que es el comercio de acciones, la bolsa de valores y todos estos aspectos importante, es que la base de todo negocio está en saber la procedencia de dicho negocio.

Sobre todo en tiempos como este, en los que una de las maneras de hacer negocio resulta ser el mundo web, y esto sí que representa un verdadero peligro, ¿Cómo se puede seguir el rastro de esa empresa que promete ser el negocio del siglo, y más aún cuando ni siquiera contamos con la garantía de saber de dónde proviene dicho negocio, quién lo fundó y el soporte legal que garantice la transparencia de dicho negocio?

Entonces es completamente normal tener miedo para entrar, pero a diferencia de esos negocios fantasmas de fórmulas modernas inventadas por un gurú, el comercio de acciones a través de la bolsa de valores no es más que un instrumento modernizado por las nuevas tendencias, de un oficio que data de muchos años de historia, pero que incluso cuenta con fechas de su formación como institución, por eso toda la información que has encontrado en el capítulo número uno.

Pero otro elemento que garantiza tener éxito en un negocio determinado es conocer el producto que estas utilizando, imagina el primer vendedor de aspiradoras del mundo, que por cierto salió a vender la primera aspiradora sin que antes nadie le explique de que se trata, la conclusión primera que puede sacar una persona que nunca vio el mecanismo sin una explicación previa sobre su funcionamiento es que la basura cobró vida y camina hacia ese tubo de poderes mágicos.

Desde luego que la analogía exagera un poco, pero qué habría pasado si quizás alguien solo me dice "invierte en acciones ¡es un buen negocio!" y ya, todo queda ahí, de seguro estaría administrando una zapatera o cualquier tipo de negocio extremadamente distante de este mundo del mercado de acciones.

No puedes llegar a tu negocio sin antes conocer a plenitud tu producto, y desde luego ingresar en el mercado de valores debes sí o sí recibir la mejor información posible sobre dicho producto, pero sobre todo, en el caso en el que el producto cuenta con variedades como es el caso de las acciones, es imprescindible tener muy en cuenta las diferencias.

De la cantidad de negocios o inversiones que se pueden llevar a cabo ¿qué es lo que hace que el mercado de acciones sea tan atractivo? Para resolver esta incógnita dejé todo un capítulo dedicado a eso, debes internalizar cada una de las verdades expuestas allí, ya que es un repaso punto a punto de cada una de las motivaciones más objetivas que puedes encontrar en este mundo de acciones.

No es una visión fanática o fundamentalista ya que no estoy cerrado a la posibilidad de hacer inter-esantes inversiones en otro dominio, desde luego que es una posibilidad, y claro que grandes hombres de la historia han logrado acumular grandes fortunas con cualquier cantidad de modelos de negocio, sin embargo, en lo que a mí respecta debo mostrarte justo de lo que he sacado mi mayor provecho y hablando de resultados positivos, es el mercado de acciones lo que en realidad ha sido la base de la economía que he logrado cuando de inversiones se trata.

Cada uno de los principios está elaborado de manera sencilla a fin de ser lo más amigable posible con el lector, y los aspectos más técnicos del negocio he intentado reflejarlos de manera muy clara pero sin que pierda la esencia del tema, como el caso de los bróker, tan atractivos y a la vez tan intimidante.

La primera vez que me encontré cara a cara con una interfaz de un bróker inmediatamente asumí que estaba en el lugar equivocado, tratando de hacer negocios en un área que en definitiva no era la mía, rayas de colores, unas subían otras bajaban, me resultaba muy parecido a entrar a una sala de pintura llena de toda suerte de cuadros con pinturas abstractas, estaba convencido que esta sería mi más grande barrera al iniciar en este negocio, sin sospechar lo amigable que resultaban estas plataformas.

Desde luego que como en todo, hay cada una para cada caso, y cada cual con sus peculiaridades y características. No son perfectas, claro está, pero es que en la vida creo que no se encuentre algo con esa característica, sin embargo, dentro del mundo de lo bueno las mejores te las he dejado en una lista, evalúa bien cada aspecto de cada una de ella, sus características particulares, pero sobre todo presta atención a lo referente a las ventajas y desventajas que representan cada una de estas plataformas bróker reflejadas en el capítulo 4.

Y sobre todo recuerda que se trata de considerar con sinceridad el hecho de la condición en la que te puedas encontrar a la hora de elegir un bróker para comenzar a hacer tus operaciones, me refiero específicamente a la experiencia que te acompañe.

No olvides el tema del demo, este aspecto debe marcar uno de los principales intereses que deben embargarte a la hora de asumir el reto de ingresar en este negocio, no debes perder de vista que justo esta característica de tu bróker elegido será la que te ayudará a tomar algo de ventaja sobre los posibles riesgos de la inexperiencia.

Una vez que hayas aprendido y evaluado paso a paso cada uno de los aspecto anteriores es momento entonces de ver más de cerca la posibilidad de ingresar en el negocio, paso a paso, tienes en el capítulo 5 el cómo iniciar, ahora sí, llevado al plano de lo real, consejos puntuales de cada una de las acciones que debes seguir desde la organización en el plano mental e intelectual hasta la adquisición de tu bróker, la primera inversión, las cantidad de inversión, la manera en que debes invertir, etc.

Esa inversión es el punto de entrada en el negocio de manera oficial, pero tal como ha quedado claro, se incurren en riesgos, por ello te dejé todo un capitulo con pasos exhaustivos para que puedas minimizar el rango de posibilidades de cometer errores que puedan hacer que tu capital se pierda.

Una de las mejores informaciones que he querido regalarte es la información sobre las principales empresas en la que debes fijar tu mirada, y sé que solo dejé una lista de las empresas más destacadas en el mundo de las acciones, que por lo general puede ser que cuente con los beneficios menos significativos, no obstante, esta conclusión puede ser resultado de una motivación errónea en medio de la inversión, inversiones a corto plazo es lo mismo que ganancias bajas, por el contrario en la medida que hagas inversiones que sean más duraderas en el tiempo, será la posibilidad de adquirir mejores ganancias.

Ten cada cosa clara y cada idea bien establecida respecto a este negocio, finalmente tienes unos pequeños consejos, no los olvides, ponlos en práctica cada uno de ellos pues cada uno de los consejos que puedes encontrar en este libro está diseñados para garantizar que tus operaciones sean lo más segura posible.

En conclusión, hacer negocio es posible, hacerlo en casa es igualmente posible, tener altas probabilidades de éxito es casi una garantía, todo depende de ti y el deseo de hacer las cosas de manera correcta.

www.ingramcontent.com/pod-product-compliance
Lightning Source LLC
Chambersburg PA
CBHW031858200326
41597CB00012B/472